文史哲學集成

胡自逢著

先秦諸子易說通考

文史哲出版社印行

文史哲學集成 ○

先秦諸子易說通考

著　者：胡自逢
出版者：文史哲出版社
登記證字號：行政院新聞局局版臺業字○七五五號
發行所：文史哲出版社
印刷者：文史哲出版社
台北市羅斯福路一段七十二巷四號
郵撥○五一二八八一二彭正雄帳戶
電話：三五一一○二八

實價新台幣二六○元

中華民國六十三年十月初版
中華民國七十八年八月三版

自序

先秦諸子易說，當時諸子解說易義之文字也。諸子立言著論、或引易文以證己說，或取易義以敷暢事理。無論其引易以爲說，或以己見而說易，均謂之易說。今以周易之思想爲綱，復檢諸子有關易說之文字，類分縷析，以觀其會通，而考其同異得失，故曰通考。周易一書，於經部中，實居樞要之地位。由卦畫、繫辭，而十翼，全書以成。卦畫與繫辭（卦爻辭），爲本經，餘爲十翼，即傳也。自十翼據卦象繫辭以說經，易遂富有哲理，其境域益高，其爲用亦彌宏深。兩漢以降，說易之制作，插架盈帙，不下千餘種。故群經之說解，以周易爲最多。然而人殊其言，家異其說。紛紛藉藉，莫衷孰是。後之學者，頗難尋其究竟。讀說解之書愈多，愈覺迷茫。初莫由窺其涯涘，矧冀入其堂奧乎？竊以周易與先秦諸子之時代，至爲接近，同一境地，其生活之方式，思維之途轍，人生之蘄嚮，以及語文之習貫，宜有其匯通之處，又必有其密契之幾。若以先秦諸子之易說而說周易。譬若家人父子、抵掌促膝而話家常，必易裁決家內之轇轕與疑難。較之諮詢於隣里戚友，或殊時異域之人，宜爲切實而周洽也至明。矧先秦爲我國學術煥發鼎盛之時期，當時士林之思想言論，於後世人文，實有承先待後之作用，其於來葉政教之影響，尤深且鉅。若吾人獲知先秦諸子之於周易，如何識取及其所以揄揚之概凡，則於漢以後學術之衍進、趨勢，亦可得其涯略。莊子所謂善解牛者、批大郤、導大窾（養生主），未有不深中其肯綮者也。且往古社會之範型，政理之施張，經濟之繁榮，與夫文教之流衍，亦可藉以窺見其底蘊，而分析其脈理。此周易與先秦諸子易說，直接關涉後世人文思想之種種，有待今茲之硏討者也。茲編分五章。一曰緒言，主明先秦諸子與周易攸關之事體。二曰先秦諸子易說輯存。第錄先秦諸子之易說，以爲讀易之先導，兼資詁經之參證。三曰先秦諸子易說析論，按周易思想之體系，分次諸子易說，以觀其會通，而擷取其精微。四曰先秦諸子中所見之占筮法。探究諸子以易爲筮之程次，並即觀其說易之方法。五曰餘論。掇拾諸子易說中散見之言論。閒及易書易義者，積水成淵，庶乎有所資益。茲編本欲藉先秦諸子學說，以恢廓周易思想之體系，俾周易之思想，藉先秦諸子之學說，獲致堅碻有力之徵信。復自諸子易說，認取周易於後世學術思想，所獨具之眞實評價。區區之心，竊慕此耳。其有未盡者，容俟來哲。

先秦諸子易說通考

胡自逢

目次

第一章　緒　言
一、周易爲周代通行之書籍　1
二、先秦諸子引述易文以立說　2
三、先秦諸子應用易義以釋事理　3
四、先秦諸子之言占筮　4
五、先秦諸子說易之方式　5
六、由先秦諸子易說反觀周易一書今存之意義　6
第二章　先秦諸子易說輯存
一、明引易文　9
1. 引乾文言傳暨繫傳　9
2. 引坤六二象傳　10
3. 引坤六四爻辭全文　10
4. 節引蒙卦辭　11
5. 引小畜初九爻辭全文　11
6. 引履九四爻辭　12
7. 引蠱上九爻辭全文　12
8. 節引无妄六二爻辭　13
9. 引大畜卦辭一句　13
10. 節引咸彖傳之文　13
11. 引恒九三六五爻辭　14
12. 用艮象傳之文　14
13. 節引渙六四爻辭　15
14. 引旣濟九五爻辭全文　15
15. 約引未濟卦辭暨彖傳之文　15

16.節引繫上第一章之文　16
17.用繫下第五章之文　16
二、發明易義　17
1.明乾彖傳正性命之義　17
2.明乾元一氣之作用　17
3.明乾豫兩彖傳之義　18
4.明乾彖傳萬物資始之義　18
5.明乾彖傳之義　18
6.明乾文言傳知終終之之義　19
7.明文言傳物從其類之義　19
8.明文言傳與天地合德之義　20
9.明坤六五爻辭之義　20
10.明履象傳定民志之義　21
11.明泰九三爻辭之義　21
12.明泰象傳裁成之義　22
13.明豫彖傳順動之義　22
14.釋蠱卦名　23
15.明蠱彖傳終則有始之義　23
16.發賁爲色飾之義　24
17.明恒彖傳日月得天而能久照之義　24
18.明家人彖傳正家而天下定之義　25
19.明繫上第四精氣爲物之義　26
20.明繫上第五一陰一陽之謂道之義　26
21.明繫上第八言不密則有失之義　27
22.明繫上第十寂感之義　27
23.明繫下第六因貳以濟民行之義　28
24.明說卦傳兌秋物說之義　29
25.明說卦傳山澤通氣之義　30
三、隱用易義　30
1.用乾象傳自強不息之義　30
2.用乾文言傳知進退存亡之義　31
3.用坤初六履霜堅冰至之義　32
4.隱用泰象傳后以裁成天地之道之義　33
5.隱用損彖傳損下益上之義　34

6.隱用困象傳之義 34
7.隱用艮象傳君子以思不出其位之義 35
8.隱用豐象傳月盈則食之義 36
9.隱用繫上第一天尊地卑貴賤位矣之義 36
10.隱用繫上第十一太極生兩儀之義 37
11.隱用說卦傳立三才之道之義 37
四、直用易義 37
1.直用坤文言傳積漸之禍辯之宜早之義 37
2.直用豐象傳盈虛之義 38
3.直用繫上第五生生之義 39
五、約用易義 39
1.約用乾文言傳物從其類之義 39
2.約用泰否象傳之義 40
3.約用益象傳天施地生之義 41
4.約用繫上第一易簡之義 41
5.約用繫下第五危者安其位之義 42
六、與易義相合 43
1.與乾文言傳聲氣應求之義合 43
2.與文言傳大人與天地合德之義合 43
3.與蠱象傳言終始之義合 44
4.與剝象傳言消息盈虛之義合 44
5.與家人象傳正名之義合 45
6.與繫上第一類聚群分之義合 45
第三章 先秦諸子易說析論 47
一、卦爻 48
1.卦爻所以表象事物 48
2.卦之始用 49
3.卦爻之變動 49
4.卦分貞悔 50
二、時位 51
1.時含時宜之義 52
2.時以隨時爲貴 52
3.位所 53

三、道 54
1. 道之訓義 55
(1) 釋道爲道路 55
(2) 以道爲是非之綱紀 56
2. 道體 56
(1) 道之內蘊 56
(2) 道爲實體 57
(3) 道之生生 57
3. 道之別名 58
(1) 常道 58
(2) 天道 62
① 消息盈虛 62
② 持平 63
③ 終始 63
④ 不已 65
⑤ 无爲 66
(3) 人道 66
4. 道之屬性 68
(1) 道有常有變 68
(2) 道之涵蓋性 69
(3) 道之普遍性 69
(4) 道之通貫性 70
(5) 極則必反 71
5. 道之功用 73
(1) 易道生萬物 73
(2) 道爲萬有之主動力 73
(3) 用之不盡 74
(4) 爲吾人行事之準則 74
四、陰陽 75
1. 陰陽與道 75
2. 陰陽本質 76
(1) 陰陽爲氣 76
(2) 陰陽爲神 78
(3) 陰陽之別 79

3. 陰陽性能 80
(1) 陰陽有動靜之德 80
(2) 陰陽互含 80
(3) 陰陽相變 80
(4) 陰陽迭爲消息 81
4. 陰陽職司 83
(1) 陰陽司生化、運四時 83
① 司生化 83
② 運四時 84
(2) 陰陽分司 86
① 陽主生物 86
② 陰主成物 87
5. 陰陽交感 88
(1) 交感 88
(2) 物交而後合 90
(3) 和合而生物 91
① 和之義訓 91
② 陰陽有和德 91
③ 生氣含和 92
④ 和實生物 92
⑤ 和合生物 92
6. 陰陽之應用 93
(1) 物有陰陽之分 93
(2) 日月分陰陽 94
(3) 冬夏分陰陽 94
(4) 南北分陰陽 94
(5) 燥濕分陰陽 95
(6) 飲食奇耦樂禮分陰陽 95
(7) 魂魄有陰陽之分 95
(8) 人事之分陰陽 96
7. 附五行說 97
(1) 五行有官 97
(2) 五行爲民生日用 97
(3) 五行爲可用之材 98

⑷五行之用所以生殖 98
五、對待 98
1.對待爲自然之律則 99
2.相反相成 100
3陰陽消息爲對待之顯例 102
六、動 103
1.動之義訓 103
2.天地必動之理 104
3.動而後能生 105
七、變 105
1.動變相因 106
2.變化之意義 106
⑴變化爲天德 106
⑵變化在明生生之理 107
⑶變化所以新生 107
⑷道不得不變 108
3.變化之緣起 108
4.變化之主力 108
5.變化之現象 109
6.陰陽開闔爲變化之樞機 109
八、象數 111
1.象之義訓 111
2.人事之取象 112
3.象數之起原 112
4.數之可見者惟度數 113
5.數之終始及常數 113
⑴凡數皆起於一 113
⑵十爲數之極 113
⑶六五爲天地之常數 114
6.數之功用 114
⑴數配四時 114
⑵數生人物 116
九、中 116
1.中之義訓 117

2. 時中 117
3. 用中 118
(1) 中以禮義爲準 118
(2) 中以禮爲斷 118
4. 中和一物 119
5. 和之義訓 120
6. 天地有和德 121
十、性命 121
1. 性之本原 122
2. 性爲生命之本質 123
3. 生命之本原 123
4. 生物之本原 124
5. 性卽命 125
6. 命謂生命 126
7. 知命 126
十一、天人 127
1. 知人必先知天 129
(1) 天以象告人 129
(2) 天人相因 129
(3) 天人相參 131
2. 法天 131
(1) 因天道以修人事 132
(2) 因天象以斷人事 134
(3) 法天與否爲一國興衰成敗之關鍵 134
3. 通合天人 135
(1) 天人相合之津梁 135
① 自爲學始 135
② 盡心 136
③ 達天德 136
④ 以天合天 136
(2) 天人相合之管籥 137
① 天人之合在心 137
② 天其心 140
③ 忘形 141

④形全精復　141
⑤其幾在誠　142
⑥精誠感通　144
(3)天人相合之方　144
①養心　144
②盡性　145
③去耆欲　145
④致虛靜　146
⑤養神　146
4.通合天人之理據　147
(1)天人一體　147
(2)天人一理　148
(3)聖人德參天地　151
(4)天人合一之境　151
5.天人，以人爲主宰　153
十二、政教　155
1.德治　155
2.德化　155
3.修省　157
4.持己　157
第四章　先秦諸子中所見之占筮法　161
一、春秋左氏傳　161
1.筮陳敬仲未來之事功　161
2.畢萬筮仕於晉　164
3.晉獻公筮嫁伯姬于秦　164
4.晉侯筮勤王　165
5.穆姜筮出行　166
6.齊崔武子筮取棠姜　167
7.叔孫得臣筮穆子之生　168
8.孔成子筮立君　170
9.南蒯筮舉事　171
10.陽虎筮救鄭　172
二、國語　172

第五章　餘　論

第五章　餘　論　175
一、作者　175
二、作易之義　176
三、坤乾之名　177
四、易之篇次、以乾坤爲首　178
五、彖傳在戰國時已行於世　178
六、河圖　179
七、筮與史　179
八、筮有行者、處者　180
九、易傳佚文　180

第一章 緒言

一、周易爲周代通行之書籍

易爲卜筮之書，始皇不焚不禁。史記卷八十七，李斯列傳：「斯上書曰：臣請諸有文學詩書百家語者，蠲除去之……所不去者，醫藥卜筮種樹之書。始皇可其議，收去詩書百家之語，以愚百姓」。易書至秦仍通行於世。漢代承秦燔書之後，載籍蕩然，無復存者，而易書仍獨盛行。劉子駿移讓太常博士書：「至於暴秦，燔經書，殺儒士，道術由是遂滅。漢興，法度無所因襲，獨有一叔孫通略定禮儀。天下唯有易卜，未有他書」。足見周易傳世至早而又最久也。

周人占筮，每據卦名、卦爻辭、卦象以斷事。卦爻辭爲周易之經文，足見易書流行已久，而至爲普遍。觀左昭五年傳：初，穆子之生也，莊叔（穆子父得臣也）以周易筮之，遇明夷之謙。而以明夷卦名，明夷初九爻辭，明夷與謙兩卦相變之二體爲說是也。又左昭七年傳，衞襄夫人姜氏（宣姜）無子，嬖人婤始生子孟縶，又生子元。孟縶之足不良，弱行。孔成子以周易筮之，用屯卦辭，比大象傳之文以爲斷。又卦辭直以吉凶告人。左昭七年傳，孔成子筮立君，史朝引屯卦辭曰：「利建侯」。又曰：「二卦命之」。謂屯卦辭，比大象傳，皆有建侯之文。是卦辭，象傳，直以吉凶告人，人固宗而信之，宜其奉爲圭臬，而不敢忽易之也。又左哀九年夏，宋公伐鄭，晉趙鞅欲救鄭，陽虎以周易筮之，引泰六五爻辭斷之，以爲不可乃止。而征伐大事，取決於易，以定其行止。

大氏自孔子以下，諸子書中，引用周易經傳之文，以易道，易義證釋事理之處，不可殫悉（詳見下段及篇中）知士大夫與民間，凡有擧措，無不遵用周易，則周易爲當代通行之書，決無庸議矣。

二、先秦諸子引述易文以立說

春秋戰國之際，王室式微，諸侯力征，民生凋敝，如水益深，如火益熱！用是諸子百家，紛然竝起，加以五伯七侯，爭爲長雄，咸欲延攬人才，以爲己用，故諸子之言，盈溢天下，雖間有干祿求售，以媚悅當世者，要必出言有據，方可取信於時主，故荀子非十二子篇總論諸子之言，而皆曰：「其持之有故；其言之成理」。蓋無徵不信；重言易行，儒墨之徒，莫不稱道堯舜是也。是其按理陳事，要必有所自出。易爲六藝之冠冕，義理之淵藪，又當時至通行之書，其引述以爲立言之據者固多：荀子大略篇：「易曰：『復自道，何其咎』？春秋賢穆公，以爲能變也」。按小畜初九爻辭：「復自道，何其咎？吉」。（荀引僅少吉字）楊注：「公羊傳曰：『秦伯使遂來聘，遂者何？秦大夫也。秦無大夫，此何以書？賢穆公也。何賢乎穆公？以爲能變也』。謂前不用蹇叔百里之言，敗於殽函，而自變悔作秦誓，詢茲黃髮是也」。此明引周易經文，釋春秋之義，以立其說也。又呂氏春秋愼大覽：「武王勝殷，得二虜而問焉，曰：若國有妖乎？一虜對曰：吾國有妖，晝見星而天雨雪，此吾國之妖也。一虜對曰：此則妖也，雖然，非其大者也。吾國之妖甚大者：子不聽父，弟不聽兄，君令不行，此妖之大者也。武王避席再拜之，此非貴虜也，貴其言也。故易曰：『愬愬，履虎尾，終吉』」。按易履九四：「履虎尾，愬愬（懼貌），終吉」。按呂覽以倫紀不飭，子弟不循父兄之教，臣民不遵君上之令，爲國之大妖。以此戒惕人君。故引周易經文，以明戒愼恐懼，謹修其行，而終必獲吉。此引經文以證己說也。（餘均詳篇中）

三、先秦諸子應用易義以釋事理

諸子之學，各有短長。荀子解蔽篇評之曰：「墨子蔽於用而不知文；宋子蔽於欲而不知得……」。天論篇又曰：「愼子有見於後，無見於先；老子有見於詘，無見於信……」。卽謂諸子之學，不該不徧，罕見天地之純，古人之大體（用莊子語）。以品類之變化萬端，物理之推衍無窮，一物有一物之故，一事有一事之迹。非合而觀其會通；要而究其原本，卽不足以窺見天地之純，古人之大體。先聖作易以準天地（繫傳：易與天地準，故能彌綸天地之道），卽所以明天地萬物之理也。咸彖傳曰：「咸，感也……天地感而萬物化生，聖人感人心而天下和平，觀其所感，而天地萬物之情可見矣」。恆彖傳曰：「天地之道，恆久而不已也……日月得天而能久照；四時變化而能久成，聖人久於其道而天下化成，觀其所恆，而天地萬物之情可見矣」。彖傳於咸恆皆直曰見天地萬物之情，情者何？卽萬有共通互含之原理原則也。諸子每用易義以釋事理，藉易義所示共通之原理，以分析事物一般之現象，故言約而旨足，事少而功多。使夫事之隱曲，人之疑結，莫不渙然而冰釋，怡然而理順，則引易義以釋事理，固爲得也。莊子知北遊：「孔子問於老聃曰：今日晏閒，敢問至道？老聃曰：汝齊戒疏瀹（疏，猶洒濯也）爾心……將爲汝言其崖略，夫昭昭生於冥冥……邀（遇也）於此者，四肢彊，思慮恂（通也）達，耳目聰明，其用心不勞，其應物無方，天不得不高，地不得不廣，日月不得不行，萬物不得不昌，此其道與」。按乾彖傳曰：「大哉乾元，萬物資始，乃統天，雲行雨施，品物流形……乾道變化，各正性命……」。乾道即乾元，天地之元氣也。萬物資之始生，其流行變化，使萬物各遂其生，以繁以殖，所謂正性命也。莊子此段，正用易傳乾元運化，萬物得以衍生之理，以釋道之功用，爲萬物之所資藉也。疏謂：「萬物得之以昌盛，斯大道之功用也」得之。又呂氏春秋恃君覽：「趙簡子將襲衞，使史默往睹之，期以一月，六月而後反。趙簡子曰：何其久也？史默曰：謀利而得害，猶弗察也。今蘧伯玉爲相，史鰌佐焉，孔子爲客，子貢使令於君前甚聽。易曰：『渙其羣元吉』。渙者賢也，羣者衆也。元者吉之始也，渙其羣元吉者，其佐多賢也。趙簡子按兵而不動……賢主之舉也。豈必旗僨將斃而乃知勝敗哉？察其理而得失榮辱定矣。故三代之所貴，無若賢也」。按此段引渙六四：「渙其羣元吉……」，以明賢士之可貴，多賢之足以衞國，蓋其國有賢人，則不可以輕伐。舉賢於廊廟之上，折衝於萬里之外，卽斯之謂。諸子應用易義以釋事理者，猶多，餘詳篇中。

四、先秦諸子之言占筮

人事之大者，趨吉避凶而已。易爲卜筮之書，在昔多以爲決疑之資。占筮主斷吉凶之事，與初民社會之人謀鬼謀，正相得也。故夫人生子、出仕、嫁女、立君、納王……凡有舉措，無不取斷於易，以易辭直以吉凶告人：損卦之著「元吉」，比卦曰「吉无咎」，臨曰「至於八月有凶」，歸妹曰「歸妹征凶」……皆卦辭也。卦辭明著吉凶之字，當時用以占筮固也。諸子中言占筮者以左國爲多，二書中於用卦、筮法、驗語，皆歷舉不遺，均詳篇中（第四章），茲不贅。

五、先秦諸子說易之方式

先秦諸子引周易者至多，除援經文以證實己說者外；亦閒闡釋經義，如呂氏春秋有始覽務本：「……安危榮辱之本在於主，主之本在於宗廟，宗廟之本在於民，民之治亂在於有司。易曰：『復自道，何其咎，吉』。此言本無異，則動卒有喜」。按小畜初九爻辭：「復自道，何其咎，吉」。呂覽引之，以民爲本。以本釋經文之「道」字。道爲日用事物當然之理，天地萬物之所由，吾人立身治事之準則，固爲本也。本立則道生。反復自道，動不違理，何咎之有？故吉。此發皇經義之例也（餘詳篇中）。

至引易文以斷事，固以卦爻辭爲主。左襄九年傳、穆姜始往東宮而筮之，遇艮之隨，穆姜引周易隨卦辭：「隨、元亨利貞无咎」，而衍其義曰：「元、體（文言傳作善）之長也，亨、嘉之會也，利、義之和也，貞、事之幹也。體仁足以長人，嘉德（傳作會）足以合禮，利物足以合義，貞固足以幹事。然固不可誣也，是以雖隨无咎，今我婦人而與於亂，固在下位，而有不仁，不可謂元。不靖國家，不可謂亨。作而害身，不可謂利，弃位而姣，不可謂貞。有四德者，隨而无咎。我皆无之，豈隨也哉？我則取惡，能无咎乎？必死於此，弗得出矣」。此直據卦辭以斷事，不假他文，即以卦辭爲說也。又左襄二十五年傳，齊崔武子欲取棠姜，筮之，遇困之大過，以示陳文子，文子引困六三爻辭：「困於石，據於蒺蔾，入於其宮，不見其妻，凶」。而說之曰：「困於石，往不濟也。據於蒺蔾，所恃傷也。入於其宮，不見其妻凶，無所歸也」。此亦直引爻辭爲說。足見先秦諸子說易，固以卦爻辭爲主也。後世說易諸家，以卦爻辭爲大宗者，於此已啓之矣。綜上三則，皆以義理說之。要之！先秦諸子以義理說易者多；以象數說之者少。用象數說易，以左國為先河。兩漢以後言象數者，蓋肇基於此矣。

六、由先秦諸子易說反觀周易一書今存之意義

中華文化，源遠流長。載籍浩博，舉為先民生活之實錄，而先民之思想言論，無不與其實際生活有關，於後世子孫之影響尤鉅。今六經皆言義理，率先民思想言論之總滙，其中易道貫穿羣經，旁及子史，綜其所言，自天道以及於人事，鉅細精粗，靡不畢具。鑑往察來，文明日新固已。然而人性之本然（如自尊、向上），人道之秩紀（如倫理、綱常），雖千百世以下，舉莫之能易。此人之所以為人，其大本自有不可更易之者。大本謂何？人道也。禮記喪服小記曰：「親親、尊尊、長長，男女有別（就天賦責任言），人道之大者也」。雖人類文明，日新不已，而人道之大本，則永不可易。所謂不可得而變革者，大傳更申其義曰：「聖人南面而聽天下，所且先者五，民不與焉。一曰治親，二曰報功，三曰舉賢，四曰使能，五曰存愛。五者一得於天下，民無不足無不贍者……聖人南面而治天下，必自人道始矣！立權度量，考文章，改正朔，易服色，殊徽號，異器械，別衣服。此其所得與民變革者也。其不可得變革者則有矣：親親也，尊尊也，長長也，男女有別，此其不可得與民變革者也」。尤有進者，人道之所以恢復人性，維護人紀，雖千億年之後，亦不容有更易。周易一書，自天道以訖人事，無不包舉。又因天道以明人事，即天常以建人紀，其有功於世宇人心，至矣！所貴於學術者，在其能為人用，尤在為人所用，而實有益於人生也。

先秦諸子說易，每因易道、易義，以敷暢事理，或明致治之道，或示修省之方，因事援引，無不泛應曲當，盡其條理。俾易義因之日明，己說由是益精，所謂相得益彰，先後輝映者也。若合而觀之，要足以啓廸

人生，和諧宇內，俾吾人類各遂其生，咸得其所，舉熙熙然樂生興事，以咸享美善和易之人生，則周易今存之意義，可以概見之矣。

參考書目

史記　漢書　春秋左氏傳　荀子非十二子篇、大略篇　呂氏春秋愼大覽　荀子解蔽篇、天論篇　莊子天下篇　知北遊　呂氏春秋恃君覽、有始覽　禮記喪服小記、大傳

第二章　先秦諸子易說輯存

本章分：一、明引易文。二、發明易義。三、隱用易義。四、直用易義。五、約用易義。六、與易義相合。凡六節。明引易文有全引、節引之分。或引之以證己說，或援之以釋事理，既不悖於經義；又可取重一時，其引之也固宜、發明易義者、或分析入微；或揄揚大義，皆大有功於經傳。隱用易義者，雖不襲經傳文字，而其義則固出於此，元元本本，可得而窺之也。直用易義者，雖文字略有更易，然不假心力、一覽即知。其約用易義者、文約而旨具，其義固不出文字蹊徑之外也。至與易義相合者、蓋言在此而意在彼、與易義不謀而合也。要見諸子於易玩之熟而念之切，所謂資之深，則取之左右逢其源，又從容中道者也。凡此六節，諸子易說，可以得其梗概，輯之可以存周易之古訓。此稽古右文之事也。大氏諸子多以義理說易，固未違十翼之宗法。雖片言隻字，散見各書。而大義微言，賴之以彰明，其有功於經訓，良非淺鮮，今悉按六十四卦之次，分條輯錄，以備省覽云。

一、明引易文

1、引乾文言傳暨繫傳

「孟軻問牧民之道何先。子思曰：先利之。孟軻曰：君子之教民者，亦仁義而已，何必曰利？子思曰：仁義者，固所以利之也。上不仁，則不得其所；上不義，則樂爲詐。此爲不利大矣。故易曰：『利者，義之和也』。又曰：『利用安身，以崇德也』。此皆利之大者也（文獻通考卷二百八引子思子、郡齋讀書志卷二引同）」。

按子思子右引乾文言傳：「利者，義之和也」句。又引下繫第五：「利用安身，以崇德也」句，引之以證己說，仁義無不利也。言德義皆以利人。利者便利、裨益之謂。德義爲利，則仁義何不利之有？不必避「利」而不言。此引易義以證己說之例也。

2、引坤六二象傳

禮記深衣：「袂圜以應規，曲袷如矩以應方，負繩及踝以應直，下齊如權衡以應平。故規者行舉手以爲容，負繩抱方者以直其政，方其義也。故易曰：『坤、六二之動，直以方也』」。

按記言深衣之制：袂、袷、衣縫、齊、必應規矩直平，以爲容止，乃可以觀瞻。故引坤六二象傳直方之義（六二以陰居中正、有直方之德），以證直方之爲美德，深衣象之。此引易傳以證深衣之制，有節度也。

3、引坤六四爻辭全文

荀子非相篇：「法先王、順禮義、黨學者。然而不好言、不樂言，則必非誠士也……凡人莫不好言其所善，而君子爲甚……故君子之於言無厭。鄙夫反是，好其實不恤其文，是以終身不免埤汙傭俗。故易曰：『括囊无咎无譽』。腐儒之謂也」。

按坤六四曰：「括囊无咎无譽」。象曰：「括囊无咎，愼不害也」。文言曰：「易曰：括囊无咎无譽，蓋言謹也」。是易重在不言，故曰謹，謹於言也。荀子用以證不言之謂傭俗，與經傳之旨異者，荀子激厲人之樂言（言其所善），此重在知識之傳播，非與口給逞辯之徒。又以无咎无譽爲鄉愿，故斥之爲庸俗，此於易，則斷章取義而已。

4、節引蒙卦辭

禮記表記：「子曰：無辭不相接也，無禮不相見也，欲民之毋相褻也。易曰：『初筮告、再三瀆，瀆則不告』」。

按蒙卦辭：「蒙亨、匪我求童蒙，童蒙求我，初筮告，再三瀆，瀆則不告，利貞」。此記孔子節引蒙卦辭之文，以言賓主之際，當愼始敬終。故曲禮首曰：毋不敬！有辭者、交接之言。有禮者、所納之贄。敬文俱備，如初筮之誠篤，則告之以吉凶，再三則瀆慢，而不屑告也。此引經文以說禮也。

5、引小畜初九爻辭全文

呂氏春秋有始覽務本：「安危榮辱之本在於主、主之本在於宗廟，宗廟之本在於民。民之治亂在於有司。易曰：『復自道，何其咎、吉』。此言本無異，則動卒有喜」。（已見第一章第五節）又荀子大略篇：「易曰：『復自道，何其咎』。春秋賢穆公，以爲能變也」。（已見第一章第二節，荀引僅少「吉」字）

按呂覽引小畜初九爻辭全文，以釋國之本在民，以復自道之「道」，爲事物之根本；荀子引之，則以釋春秋之義（春秋賢穆公之能變悔），許穆公之改過遷善，則以復自道之「道」，爲行爲之規範，皆卽「道」一字而衍繹其義也，餘詳第一章二、五兩節，玆略。

6、引履九四爻辭

呂氏春秋愼大覽：「武王勝殷，得二虜而問焉、曰：若國有妖乎？一虜對曰：吾國有妖，晝見星而天雨雪，此吾國之妖也。一虜對曰：此則妖也。雖然，非其大者也。吾國之妖甚大者：子不聽父，弟不聽兄，君令不行，此妖之大者也。武王避席再拜之。此非貴虜也，貴其言也。故易曰：『愬愬，履虎尾，終吉』」。又

尸子發蒙篇：「易曰：『履虎尾，終之吉』。若羣臣之衆，皆戒愼恐懼，若履虎尾，則何不濟之有乎？（羣書治要引）」

按履九四爻辭：「履虎尾，愬愬，終吉」。呂覽、尸子兩書引述，均有更易。呂書語次顚倒，尸子節引，增「之」字。然引以明：「臨事戒懼則必獲吉」之義正同，經義本如是。呂書本段及釋義，已見第一章第二節，玆略。

7、引蠱上九爻辭全文

禮記表記：「子曰：事君：軍旅不避難，朝廷不辭賤，處其位而不履其事，則亂也。故君使其臣，得志則愼慮而從之，否則孰慮而從之。終事而退，臣之厚也。易曰：『不事王侯，高尙其事』」。

按此記孔子引易蠱上九爻辭，以明處其位則當履其事，卽在其位宜謀其政之義。終事而退，乃臣子之道。故不事王侯（不在其位），乃可以高尙其事也。又按蠱者事也（序卦傳），上九居无事之地，故可以閒適優游。與易義合。引此以歸結本段文義。諸子引詩書之語爲結，而終以「此之謂也」句，例同。

8、節引无妄六二爻辭

禮記坊記：「子云：禮之先幣帛也，欲民之先事而後祿也。先財而後禮則民利；無辭而行情則民爭。故君子於有饋者弗能見，則不視其饋。易曰：『不耕穫，不菑畬，凶』。以此坊民，民猶貴祿而賤行」。

按无妄六二爻辭：「不耕穫，不菑畬，則利有攸往」。坊記節引首二句，增「凶」字，坊記本段大旨爲：先禮而後財。所以教民之先事而後祿也。先事而後祿，即先勞而後穫之義。故引易：「不耕穫，不菑畬，凶」。言不勞而穫必凶，亦斷章取義之例。

9、引大畜卦辭一句

禮記表記：「子曰：事君，大言入則望大利，小言入則望小利。故君子不以小言受大祿，不以大言受小祿。易曰：『不家食，吉』」。

按大畜卦辭：「大畜、利貞。不家食，吉，利涉大川」。記引中一句，以明祿稱其言（進於君之言），才當其位也。按大畜䷙乾下艮上，天在山中。象傳：「天在山中大畜，君子以多識前言往行以畜其德」：天在山中，所畜者至大。其德業器識宏大，堪任廊廟，食重祿，則天下咸利賴之，故不家食、吉。引此以明祿稱其言，歸結本文之義也。

10、節引咸彖傳之文

荀子大略篇：「易之咸，見夫婦。夫婦之道，不可不正也，君臣父子之本也。咸、感也。以高下下，以男下女。柔上而剛下。聘士之義，親迎之道，重始也」。

按咸卦辭：「咸亨利貞，取女吉」。荀子此段，首釋卦辭，故曰：「見夫婦之道」。咸彖傳曰：「咸、感也。柔上而剛下。二氣感應以相與，止而說，男下女，是以亨利貞，取女吉也……」。荀子引咸感也，男下女，柔上而剛下數句，以明夫婦之道，不可不正。曰「重始也」者，夫婦人倫之始，敎化之基，重之固是。又序卦傳：「有天地然後有萬物，有萬物然後有男女，有男女然後有夫婦，有夫婦然後有父子，有父子然後有君臣……」。荀子謂：夫婦之道，不可不正也，君臣父子之本也三句，正用序卦傳之義。足見彖傳，序卦傳，在當時已通行久矣。

11、引恒九三六、五爻辭

禮記緇衣：「子曰：南人有言曰：人而無恆，不可以爲卜筮，古之遺言與。龜筮猶不能知也，而況於人乎……易曰：『不恆其德，或承之羞。恆其德偵，婦人吉，夫子凶』」。

按恆九三曰：「不恆其德，或承之羞，貞吝」。六五曰：「恆其德貞，婦人吉，夫子凶」。記引恆九三、六五爻辭（少貞吝二字），僅明「人之不可以無恆」而已。人無恆德，則羞辱承之。孟子所謂：「人必自侮而後人侮之也」，可不愼與。

12、用艮象傳之文

論語憲問：曾子曰：「君子思不出其位」。

按艮象曰：「兼山艮，君子以思不出其位」。此曾子明用艮大象之文也。思不出其位，卽「止其所止」之義。艮彖傳：「艮止也……艮其止，止其所也」。論語正義：「君子以思不出其位者，止之爲義，各止其所。故君子於此之時，思慮所及，不出其己位也」。正義釋曾子之言，卽以「止其所」爲說是也。

13、節引渙六四爻辭

呂氏春秋時君覽：「趙簡子將襲衞。使史默往睹之，期以一月，六月而後反。趙簡子曰：何其久也？史默曰：謀利而得害，猶弗察也。今蘧伯玉爲相，史鰌佐焉，孔子爲客。子貢使令於君前甚聽。易曰：『渙其羣，元吉』。渙者，賢也。羣者，衆也。元者，吉之始也。渙其羣元吉者，其佐多賢也。趙簡子按兵而不動……賢主之擧也。豈必旗僨將斃而乃知勝敗哉？察其理而得失榮辱定矣。故三代之所貴，無若賢也」。

按呂覽引渙六四爻辭，以明賢士之足貴。引、釋俱見第一章第三節，茲略。

14、引既濟九五爻辭全文

禮記坊記：「子云：敬則用祭器。故君子不以菲廢禮，不以美沒禮。故食禮，主人親饋則客祭；主人不親饋，則客不祭。故君子苟無禮，雖美不食焉。易曰：『東鄰殺牛，不如西鄰之禴祭，寔受其福』」。

按禮主乎敬，祭祀，燕享，其義一也。賓主之間，迭相爲敬（主人親饋則客祭是也。客祭，示敬主人），不在食飲之豐菲也。故引易以明饋豐而不敬不如菲薄而有禮之足貴也。易注：「禴、祭之薄者也」。故記引之。

15、約引未濟卦辭暨彖傳之文

戰國策卷六、秦四、黃歇說秦昭王曰：「王若能持功守威，省攻伐之心，而肥仁義之誡，使無復後患。三王不足四，五伯不足六也。王若負人徒之衆，兵甲之強，壹毀魏氏之威，而欲以力臣天下之主，臣恐有後患。詩云：靡不有初，鮮克有終。易曰：『狐濡其尾』。此言始之易，終之難也……」。

按未濟卦辭：「未濟亨，小孤汔濟，濡其尾，无攸利」。彖傳：「小孤汔濟，未出中也。濡其尾，无攸利，不續終也」。黃氏約引卦辭暨彖傳之文，並釋「不續終」之義，以爲全終之難。喻威彊不可以久恃，蓋深警之也。

16、節用繫上第一章之文

禮記樂記：「天尊地卑，君臣定矣。卑高以陳，貴賤位矣、動靜有常，小大殊矣。方以類聚，物以羣分，則性命不同矣。在天成象，在地成形。如此，則禮者，天地之別也」。

按繫上第一：「天尊地卑，乾坤定矣，卑高以陳，貴賤位矣。動靜有常，剛柔斷矣。方以類聚，物以羣分，吉凶生矣。在天成象，在地成形，變化見矣……」。按繫傳謂天地乾坤（本一物）有貴賤（卑高）之位，體動靜之德。以寓卦爻（乾坤剛柔，即指卦爻言）之一奇一耦有上下往來之變化，而遂有吉凶之分也。樂記用此文以說禮，謂君臣上下不同，而貴賤小大隨之以殊。禮之制在於有別。因其等差，施以節文，蓋順天道之常也。

17、用繫下第五章之文

大戴記禮察篇：「安者非一日而安也，危者非一日而危也，皆以積然。善不積，不足以成名；惡不積，不足以滅身。而人之所行，各在其取舍」。

按下繫第五：「善不積，不足以成名；惡不積，不足以滅身。小人以小善爲无益而弗爲也；以小惡爲无傷而弗去也。故惡積而不可掩；罪大而不可解。易曰：何校滅耳，凶」。繫傳言積惡獲罪，本釋噬嗑上九爻。戴記本段言安危之非偶然，皆由積累所致。積善成德，積惡毀身。與繫傳言積善積惡之義正同，故逕用之耳。

二、發明易義

1、明乾彖傳正性命之義

荀子王制篇：「人何以能羣？曰分……君者，善羣也（楊注，善能使人爲羣）。羣道當，則萬物皆得其宜，六畜皆得其長，羣生皆得其命……」。

按乾彖曰：「大哉乾元，萬物資始……乾道變化，各正性命……」。乾道卽乾元，天地之元氣也。元氣絪縕變化，則萬物化醕（繫傳），故各得正其性命。言各遂其生，以長以成也。荀子言「萬物皆得其宜，六畜皆得其長，羣生皆得其命」。正彖傳「各正性命」二句之的詁。此發明易義之例也。又莊子知北遊，孔子問至道於老聃，老聃曰：「將爲汝言其崖略，夫昭昭生於冥冥……天不得不高，地不得不廣，日月不得不行，萬物不得不昌，此其道與」。

按右段引，釋已見第一章第三節，玆略。

2、明乾元一氣之作用

莊子知北遊：「舜問乎丞曰：道可得而有乎？曰：汝身非汝有也，汝何得有夫道。舜曰：吾身非吾有也，孰有之哉？曰：是天地之委形也，生非汝有，是天地之委和也。性命非汝有，是天地之委順也……故行不知所往，處不知所持，食不知所味，天地之彊陽氣也，又胡可得而有邪」？

按彊陽氣，卽乾元之氣也。陽氣剛健故曰彊（彊爲狀詞）。陽氣何以卽謂之乾元？曰：乾爲陽氣。乾初九曰：「潛龍勿用」。象傳卽曰：「潛龍勿用，陽氣潛藏」。是乾卽指陽氣（乾六爻皆剛陽，故以龍象之。龍飛騰變化之物也）。元亦氣也（乾彖傳九家注：元者，氣之始也，大戴保傅，春秋之元、注同）。故彊陽實指天地乾元之氣。知北遊言夫人之身、形、性命、皆來自天地，卽乾元之作用、傳所謂「乾道變化，各正性命」是也。按莊子此段，正明乾元一氣之功用，所以發明易義也。

3、明乾豫兩彖傳之義

論語陽貨：「子曰：予欲無言。子貢曰：子如不言，則小子何述焉？子曰：天何言哉？四時行焉，百物生焉，天何言哉」？

按子貢嘗謂性與天道，未有聞諸夫子者。然易則專言天道，餘處固罕言之耳，論語此處，不僅言天道，又爲落實之語，曰：「百物生焉」。正明乾彖傳：「大哉乾元，萬物資始，雲行雨施，品物流形」之義。曰：「四時行焉」。正明豫彖傳：「天地以順動，故日月不過而四時不忒」之義。言簡意足、四時行，百物生，非天道而何？

4、明乾彖傳萬物資始之義

莊子知北遊、孔子問至道於老聃、老聃曰：「夫昭昭生於冥冥……運量萬物而不匱（王叔岷曰：匱當作遺）……萬物皆往資焉而不匱，此其道與」。

按道指形上之道，卽易之乾元。諸子言形上之道，與周易言乾元、太和、實爲一物。道爲絕待，無「道」外之道（說詳第三章）。萬物資始於道（乾元）元氣化生萬物之故。莊子「萬物皆往資焉而不匱」句，正明乾彖傳萬物資始之義也。

5、明乾象傳之義

禮記樂記：「著不息者，天也；著不動者，地也。一動一靜者，天地之間也」。

按天道不息不已。故能生生无既，富有日新。此易義之大者。記謂天道不息，正明乾象傳「天行健」之義。詩「維天之命，於穆不已」，鄭箋：「命猶道也」亦同。

6、明乾文言傳知終終之之義

鄧析子轉辭篇：「忠怠於宦成，病始於少瘳，禍生於懈慢。此四者，愼終如始也」。

按乾文言傳：「九三曰：君子終日乾乾，夕惕若厲，无咎，何謂也？子曰：君子進德修業……知至至之，可與幾也；知終終之，可與存義也。是故居上位而不驕，在下位而不憂。故乾乾因其時而惕，雖危无咎矣」。按「知終終之」句。所以敎人愼其終也。鄧析「愼終如始」句，正解「知終終之」之義。知終、事有終始也。終之、貫徹始終也。所謂乾乾夕惕，無一息之或間，愼終之義，莫大於是。故足以發明易義也。又

文子符言：「天之道，其猶響之報聲也、德積則福生，怨積則禍生。官敗於官茂，孝衰於妻子，患生於憂解，病甚於且瘉。故愼終如始，則無敗事也」。

按文子、僞書，其言與鄧析子同。

7、明文言傳物從其類之義

管子宙合：「夫天地一險一易，若鼓之有桴（注：桴當爲響），擿擋則擊。言苟有倡之，必有和之。和之不差，因以盡天地之道。景不爲曲物直；響不爲惡聲美。是以聖人明乎物之性者，必以其類來也……」。

按乾文言傳：「九五曰：飛龍在天，利見大人，何謂也？子曰：同聲相應，同氣相求，水流濕，火就

燥，雲從龍，風從虎，聖人作而萬物覩。本乎天者親上；本乎地者親下，則各從其類也」。管子此段意謂：影之從形，響之應聲，各從其類，爲物性之自然。與文言傳：凡物聲氣應求、各從其類之義同。故管子此段，足以明文言傳之義也。

8、明文言傳與天地合德之義

晏子春秋內篇問上第三，景公問晏子曰：「聖人之得意何如？對曰：世治政平，舉事調（注：調、和也）乎天，藉歛和乎民。百姓樂其政，遠者懷其德。四時不失序，風雨不降虐，天明象而致贊，地長育而具物……」。

按文言傳：「夫大人者，與天地合其德；與日月合其明；與四時合其序；與鬼神合其吉凶。先天而天弗違，後天而奉天時……」。晏子「舉事調乎天」。正申易傳「與天地合德」之義。四時、風雨二句，乃聖人調和天時（因時施政）之效也。聖人調和天時，卽奉行天時（後天而奉天時）之事，聖人卽易傳之大人也。

9、明坤六五爻辭之義

左昭十二年傳：南蒯將叛（叛季氏），筮遇坤之比曰黃裳元吉。以示子服惠伯，惠伯曰：「黃、中之色也。裳、下之飾也。元、善之長也……」。

按惠伯釋黃裳二字，爲周易最早之詁訓。自王輔嗣以下，悉遵用之。輔嗣於本爻下注：「黃中之色也，裳下之飾也」。晉干寶於本爻下注：「黃中之色，裳下之飾，元善之長也」。宋儒伊川易傳於本爻曰：「黃中色，裳下服」。皆沿用古義。據諸子以考周易之古訓，其有功於經義至矣。又禮記郊特性

：「黃目，鬱氣之上尊也，黃者中也，目者氣之清明者也……」。亦以中訓黃、知此爲古訓無疑。

10、明履象傳定民志之義

呂氏春秋審分覽：「愼子曰：今一兔走，百人逐之，非一兔足爲百人分也。由未定，堯且屈力，而況衆人乎！積兔滿市，行者不顧。非不欲兔也，分已定矣。分已定，人雖鄙不爭。故治天下及國，在乎定分而已矣」。

按履大象傳：「上天下澤履。君子以辨上下，定民志」。天高澤下（履䷉兌下乾上，乾爲天，兌爲澤），自然之勢也。上下分定，尊卑已殊。則民不敢妄求非分。故能定民志，此定分之事也。今上下既辨，分位卽定。不見可欲，民心不亂。呂氏言定分，正爲辨上下定民志作解說也。又孟子亦嘗言分定。盡心：「君子所性，雖大行不加焉；雖窮居不損焉，分定故也」。此言分定，指性分素定（其後操守不渝，基此定力），不爲窮達所移耳。與呂氏之言異。

11、明泰九三爻辭之義

左昭三十二年傳、昭公薨、趙簡子問於史墨曰：「季氏出其君而民服焉，諸侯與之，君死於外而莫之或罪也？對曰：物生有兩……天生季氏，以貳魯侯，爲日久矣……雖死於外，其誰矜之？社稷無常奉；君臣無常位，自古已然。故詩曰：高岸爲谷；深谷爲陵。三后之姓，於今爲庶，主所知也。在易卦、雷乘乾曰大壯䷡（乾下震上），天之道也」。

按傳言天道隆替無常。所謂：「无平不陂；无往不復（泰九三爻辭）」也。天尊而雷在其上。是君臣上下无常位。平者可轉爲陂（陂、傾也廣韵），未有平而不陂；往而不復者。下陵上曰乘、（易卦每言承乘）故曰雷乘乾（卽下陵其上），天之道也。是左氏言君臣无常位，引詩高岸爲谷數句，可以釋「无平不陂」二句之義也。

12、明泰象傳裁成之義

荀子富國篇：「故曰：君子以德，小人以力。力者德之役也。百姓之力，待之而後功；百姓之羣，待之而後和……父子不得不親；兄弟不得不順；男女不得不歡。少者以長；老者以養。故曰：天地生之，聖人成之。此之謂也」。

按荀子言天生人成之義，可移作泰象傳：「后以裁成天地之道……」之詁訓。成卽裁成也（裁爲裁制，裁度）。因裁制定形而成其事，而收其功，則「天作之君」之義得。禮論曰：「天能生物，不能辨物也；地能載人，不能治人也。宇中萬物生人之屬，待聖人然後分也。詩曰：懷柔百神，及河喬嶽，此之謂也（楊注：引此以明聖人能弁治之）」。

按天地能生載人物，不能辨治之，固須聖人之裁成。天能生物四句，說裁成之義尤明切。惟此段則以「分」易「成」。分者、辨治之義（由上文天能生物，不能辨物四句可知）。天地能生載人物，不能辨治，故須后（君）以裁成之。故曰待聖人（后君）然後分。荀子此兩段，用釋泰象傳后以裁成天地之道句，甚爲切合。

13、明豫象傳順動之義

國語周語下，太子晉諫靈王曰：「晉聞古之長民者……夫亡者豈緊無寵，皆黃炎之後也。唯不帥天地之度，不順四時之序，不度民神之義，不儀生物之則。以殄滅無胤，至於今不祀。及其得之也，必有忠信之心閒之（注：以忠信之心，代其慆淫也）。度於天地而順於時動（注：順四時之令而動也）；和於民神而儀於物則。則高朗令終，顯融昭明……」。

按豫彖傳曰：「天地以順動，故日月不過而四時不忒；聖人以順動則刑罰清而民服」。國語謂長民者，應帥循天地之度；順應四時之序。故以「度於天地而順於時動」爲結。天地本以順動（豫　坤下震上爲順以動，故彖傳首曰：豫順以動，故天地如之），聖人度於天地亦以順動。順動者，順天時而施政也。聖人順動，則刑罰清而民服。傳曰：「度於天地而順於時動」。可爲彖傳天地，聖人順動四句之詁訓也。

14、釋蠱卦名

左昭二年傳：「趙孟曰：何謂蠱？對曰（醫和對）：淫溺惑亂之所生也。於文、皿蟲爲蠱，穀之飛亦爲蠱（注：穀久積則變爲飛蟲名曰蠱）。在周易，女惑男，風落山，謂之蠱（蠱巽下艮上，巽爲長女，爲風；艮爲少男，爲山。少男而悅長女，非匹，故惑。山木得風而落），皆同物也。趙孟曰：良醫也，厚其禮而歸之」。

按傳謂：於文、皿蟲爲蠱。此卽字形爲訓，如止戈爲武之比。又曰：女惑男，風落山謂之蠱。則直就卦畫暨二體之象以爲說，不出十翼之義例也。

15、明蠱彖傳終則有始之義

禮記祭義：「子曰：立愛自親始……日出於東，月生於西，陰陽長短，終始相巡，以致天下之和」。

按蠱彖傳：「先甲三日，後甲三日。終則有（又同）始，天行也」。彖傳謂天道有終始（天行卽天道），又終而復始也。按日往則月來；月往則日來。日月相推而明生焉（繫傳）。記以日月之更迭，明天道之有終始。相巡者，終而復始也。又

孫子卷五、執篇：「故善出奇者，無窮如天地；不竭如江河。終而復始，日月是也；死而復生，四時是也……」。

孫子則以日月四時並釋終而復始之理。日月之往復固已。四時之代序，亦終而復始。死而復生，即終而復始。死生終始，其義一也。

16、發賁爲色飾之義

呂氏春秋愼行論疑似：「四曰先王所惡，無惡於不可知……今行者見大樹，必解衣縣冠，依劍而寢其下。大樹非人之情親知交也，而安之若此者，信也。陵上巨木，人以爲期，易知故也……世之所以賢君子者，爲其能行義，而不能行邪辟也。孔子卜得賁，孔子曰：不吉！子貢曰：夫賁亦好矣，何謂不吉乎？孔子曰：夫白而白；黑而黑。夫賁又何好乎」！

按呂氏以爲：疑似之人物，皆令人可惡。（使人不易知，不敢信），所賢於君子者，爲其但行義而不行邪辟，不在疑似之間，如鄉愿之流。故引孔子言，以賁之繁縟爲不吉。蓋賁爲文飾，其色不純，孔子以賁爲不吉者在此。故曰：白而白；黑而黑。若黑白分明，一見卽知，何惡之有？足見賁爲色飾，呂書發之矣。

17、明恒彖傳日月得天而能久照之義

莊子大宗師：「夫道有情有信……在太極之先，而不爲高；在六極之下而不爲深。先天地生而不爲久；長

於上古而不爲老。豨韋氏得之，以挈天地；伏戲氏得之，以襲氣母；維斗得之，終古不忒；日月得之，終古不息……」。

按恆象傳：「恆、久也……天地之道，恆久而不已也……日月得天而能久照；四時變化而能久成……」。莊子此段、「日月得之，終古不息」，句中之字，緊承上文「道」字。易傳謂「日月得天」。天與道一物。自其蒼蒼者言謂之天；自其化育萬物言名之道。道家謂天法道。道先天地生故也。日月得道之功能（有其功能），而能久照。故莊子曰：「日月得之，終古不息」。此句正易傳「日月得天而能久照之的詁也。又

韓非子解老：「道者，萬物之所然也……天得之以高；地得之以藏；維斗得之，以成其威；日月得之，以恆其光……」。

按此段襲用莊子文。「日月得之」，之字仍承上道字，日月有道之功能而恆久其光，即易傳「久照」之意也。

18、明家人象傳正家而天下定之義

禮記樂記：「夫樂者，與音相近而不同。文侯曰：敢問何如？子夏對曰：夫古者天地順而四時當，民有德而五穀昌，疾疢不作而無妖祥，此之謂大當。然後聖人作爲父子君臣，以爲紀綱。紀綱既正，天下大定……」。

按家人象傳：「家人有嚴君焉，父母之謂也。父父、子子、兄兄、弟弟、夫夫、婦婦而家道正；正家而天下定矣」。

按家人彖傳謂正家而天下定。樂記謂紀綱既正而天下定。其義一致。紀綱、擧綱常倫紀而言。綱常雖涉及法禮，而以倫理爲主、爲重。記言作爲君臣父子之紀綱，不過由外而內，推廣言之耳。或謂家無紀綱可言，而彖傳曰：父父、子子。父嚴父教，子修子職，亦家內之紀綱也。否則「家道」何由以正？觀上句「家人有嚴君焉」，知閨門之內，亦當有紀綱也。樂記此段所言，與家人彖傳之旨正同。

19、明繫上第四精氣爲物之義

莊子達生：「夫形全精復，與天爲一。天地者，萬物之父母也。合則成體，散則成始。形精不虧，是謂能移……」。

按繫上第四：「易與天地準，故能彌綸天地之道。仰以觀於天文，俯以察於地理，是故知幽明之故；原始反終，故知死生之說；精氣爲物，游魂爲變，是故知鬼神之情狀……」。莊子本段言合散，皆指精氣而言。精氣聚合，則成形體；精氣離散，則還歸天地。故曰：「合則成體；散則成始」。成始者，天地爲萬物之始（莊云：天地者，萬物之父母），所自來也。此二句與繫傳「精氣爲物；游魂爲變」之義一致。葉夢得謂：「合則成體，易所謂精氣爲物也；散則成始，易所謂游魂爲變也」是。又莊子言「散則成始」，句中「始」字，與繫傳「原始反終」之「始」字不同。繫傳此處言始終，與生死一義。莊子言始，推本萬物之所自來也。當別白觀之。又按繫傳以死生爲終始，而莊子則以始爲死。何則？莊子於知北遊曰：「人之生，氣之聚也。聚則爲生；散則爲死」。此言聚散，達生篇言合散，其義一致。既曰：「散則成始」，又曰：「散則爲死」。是以始爲死也。

20、明繫上第五一陰一陽之謂道之義

莊子田子方篇：「至陰肅肅；至陽赫赫。肅肅出乎天；赫赫發乎地（宣穎曰：陰陽互爲其根）。兩者交通成和而物生焉。或爲之紀，而莫見其形。消息滿虛，一晦一明。日改月化，日有所爲，而莫見其功……」。

按上繫第五曰：「一陰一陽之謂道」。莊子本段所謂：「兩者（陰陽、見上文）交通成和」，卽陰陽交感，「一陰一陽」之謂。成和者，物交而後和（說詳第三章陰陽一節中）也。又曰：「或爲之紀」。爲之紀者，道也。天運篇：「孰主張是？孰維綱是？孰居無事而推行是？意者，其有機緘而不得已邪」？卽謂天之運，地之處，皆以道爲之紀（維綱）也。莊子「兩者交通成和而物生焉，或爲之紀，而莫見其形」三句，正繫傳：「一陰一陽之謂道」句之訓義。道不可見，惟二氣之化育，可以體察。故以一陰一陽言道，特卽其顯用處言之，令人易識耳。莊子謂「莫見其形」，亦寓此意。「日有所爲」數句，正思以功化明之耳。

21、明繫上第八言不密則有失之義

管子宙合第十一：「怨而無言，言不可不愼也。言不周密，反傷其身。故曰：欲而無謀，言謀不可以泄，泄謀菑（假爲災）極……」。

按上繫第八：「子曰：亂之所生也，則言語以爲階。君不密則失臣；臣不密則失身；幾事不密則害成。是以君子愼密而不出也」。繫傳謂言語不密，所以起亂階禍，所失非小！故君子愼密，不輕出言。管子謂：「言不周密，反傷其身」。言約而意盡，正爲繫傳作解說。下文曰：「謀泄菑極，尤所以深警世人也。

22、明繫上第十寂感之義

禮記樂記：「凡音之起，由人心生也。人心之動，物使之然也。感於物而動，故形於聲」。

按繫上第十：「易无思也，无爲也。寂然不動，感而遂通天下之故。非天下之至神，其孰能與於此」。繫傳此處在明心物感用之理。易无思，无爲；非謂不思不爲以錮閉之也。正爲有思有爲，必先精誠專一，以致其寂靜（卽大學所謂定而後能靜，與釋氏言寂滅固不同）。故人心必先能寂然不動，然後能應感而遂通天下之故。中庸謂「至誠必先知之」，「至誠如神」。亦卽此理，實非玄遠杳冥之言。樂記曰：「人心之動，物使之然也。感於物而動」。在明人心未動之前，爲寂然之境。而荀子解蔽篇：「故治之要，在於知道。人何以知道？曰心。心何以知？曰：虛壹而靜……虛壹而靜，謂之大清明。萬物莫形而不見，莫見而不論，莫論而失位。坐於室而見四海，處於今而論久遠。疏觀萬物而知其情，參稽治亂而通其度，經緯天地而材官萬物，制割大理而宇宙裏矣」。乃謂人心必保持寂然之境（虛壹而靜），方能發揮其聰明睿智，而无所不通。要之、樂記在明人心未感於物之先，固寂然也。記下句曰「感於物而動」，重中「動」字恰與繫傳「寂」字相對，則未動之先固寂，此物當指耳目……等官能之所逐好者。荀子謂虛壹而靜，亦指寂然之心境。必有此虛靜之心體，而後始能大清明。此際心之神明（卽睿智）畢見畢露，方能洞察一切，故能疏觀萬物，制割大理，則傳所謂感而遂通天下之故也。此理亦至平近，今人每謂：意志集中、力量集中。使意志果能集中，力量焉有不集中者乎（力量、謂心力）。

23、明繫下第六因貳以濟民行之義

呂氏春秋似順論處方：「五曰凡爲治必先定分，君臣父子夫婦六者當位，則下不踰節，而上不苟爲矣……

金木異任；水火殊事；陰陽不同，其爲民利一也……」。

按繫下第六：「子曰：乾坤其易之門邪。乾、陽物也；坤、陰物也。陰陽合德而剛柔有體。以體天地之撰，以通神明之德……因貳以濟民行；以明失得之報。

呂覽所舉陰陽金木水火諸名，皆相對待。繫傳本章，特舉乾坤（此處乾坤，實指奇耦之卦畫）陰陽（本一物），以明字內萬有對待之現象。凡對待之事物，有相反相成之理，陰陽爲其顯例（說詳第三章對待一節中），故以因貳兩句作結。因貳之「貳」字，卽對待也。貳字承上乾坤陰陽而言。因對待之理，以濟民行（濟成也，益也。爾雅釋言。以濟民行，以利民行也），以明得失之相爲用。因對待之事物，形若相反，實亦相濟相成，其理至爲廣泛。卽以得失論，得必有失。此得則彼失；此失則彼得。於是得不必喜，喜則驕佚怠惰生焉；失不必憂，憂則志傷意沮而事功隳焉。此先民立易之意也。故呂氏「金木異任，水火殊事，陰陽不同，其爲民利一也」諸句，正明繫傳「因貳以濟民行、以明得失之報」二句之義。水火諸物相待不同，「其爲民利一也」，卽易傳所謂「以濟民行」也。其義至明。

24、明說卦傳兌秋物說之義

莊子庚桑楚：「庚桑子曰：弟子何異於予？夫春氣發而百草生，正得秋而萬寶成。夫春與秋，豈無得而然哉」？

按說卦傳：「兌，正秋也，萬物之所說也，故曰說言乎兌」。莊子「正得秋而萬寶成」，正釋說卦傳「兌正秋也，萬物之所說也」之義。易物爲寶，物成足以資用。易疏：「正秋而萬物皆說成」。卽援莊子以疏易也。

25、明說卦傳山澤通氣之義

國語周語：「靈王二十二年，穀洛鬬（注：兩水激似之）、將毀王宮，王欲壅之。太子晉諫曰：不可！晉聞古之長民者，不墮（注：毀也）山，不崇藪，不防川，不竇（決也）澤。夫山、土之聚也。藪、物之歸也。川、氣之導也。澤、水之鍾也。夫天地成而聚於高，歸物於下，疏爲川谷以導其氣；陂塘汙庳以鍾其美。是故聚不阤崩而物有所歸；氣不沈滯而亦不散越。是以民生有財用而死有所葬……」。

按說卦傳：「天地定位；山澤通氣」。國語謂有川谷以導其氣，要在使天地之氣不沈滯也。氣當爲地氣，周語宣王卽位段曰：「土氣震發」。幽王二年段曰：「夫天地之氣，不失其序」。本段（靈王）下文又曰：「地無散陽；水無沈氣」。明地之有氣、賴川澤以通之，如人身之血氣，不通則疾生，是國語川谷導氣，氣不沈滯諸句，直明易傳「山澤通氣」之義無疑。

三、隱用易義

1、用乾象傳自強不息之義

論語子罕：「子曰：語之而不惰者，其回也與」。又同篇「子謂顏淵曰：惜乎！吾見其進也；未見其止也」。

按自強不息，本人法天地（繫傳曰：天垂象。剝彖傳曰：順而止之（剝坤下艮上、坤順艮止故云），觀象也，卽法天之實）。天行剛健，固著不息不已之象。孔子平生力行，惟此一義而已。泰伯：「子曰：若聖與仁，則吾豈敢。抑爲之（仁聖之道）不厭，誨人不倦。則可謂云爾已矣。公西華曰、正惟弟子不能學也」。孔子法天不息之精神，除顏淵外，非惟七十子不能學，即千百世以下，亦鮮有能幾及之者。於七十子中，獨許顏淵爲好學者，即以語之而不惰，但見其進，未見其止，有自強不息之精神也。顏淵嘗自嘆：「夫子循循然善誘人。博我以文，約我以禮，欲罷不能」！足見其步趨無不學孔子也。

2、用乾文言傳知進退存亡之義

論語述而：「子謂顏淵曰：用之則行，舍之則藏。惟我與爾有是夫」！又泰伯：「子曰：篤信好學，守死善道。危邦不入，亂邦不居。天下有道則見，無道則隱。邦有道，貧且賤焉，恥也；邦無道，富且貴焉，恥也」。

按乾文言傳曰：「亢之爲言也，知進而不知退，知存而不知亡，知得而不知喪。其惟聖人乎！知進退存亡而不失其正者，其惟聖人乎」！

前章言用舍行藏。次章言危亂之邦，不入不居，天下有道則見，無道則隱。皆爲知進退存亡之事。按用舍行藏，出處進退，爲立身之大節。良非盡人可爲，故惟許顏淵與己能有之。文言傳重申：「其惟聖人乎」句，足見非聖人莫能爲之，二章皆隱用易傳之義也。易傳著此義，非惟出處去就，可資借鏡，即用兵之道亦然。

左宣十二年傳：「春，楚子圍鄭……夏六月，晉師救鄭……及河，聞鄭既及楚平，桓子（荀林父）欲還曰：無及於鄭而勦民，焉用之……隨武子曰：善！會聞用師，觀釁而動，德、刑、政、事，典，禮不易。不可敵也……德立、刑行、政成、事時，典從、禮順，若之何敵之？見可而進，知難而退，軍之善政也」。

按善用兵者，見可而進；知難而退。用兵而知進退，取勝之方也。易言消息盈虛，推之人事，則進退取捨之道也。又蹇彖傳曰：「蹇、難也，險在前也（蹇䷦艮下坎上，艮止坎險）。見險而能止，知矣哉」！見險而能止，知難而退，亦知進退之道也，左氏用易義明矣。

觀史乘自昔功臣名將，勳著業盛，顯赫一時，而卒以喪身滅家者，不可勝計，皆未諳易義之故：戰國策秦三、蔡澤曰：「夫商君爲孝公平權衡，正度量，調輕重，決裂阡陌，教民耕戰。是以兵動而地廣；兵休而國富。故秦無敵於天下。立威諸侯。功已成，遂以車裂。楚地持戟百萬。白起率數萬之師，以與楚戰。一戰擧鄢郢；再戰燒夷陵。南幷蜀漢。又越韓魏攻強趙，北阬馬服，誅屠四十餘萬之衆……使秦業帝。自是以後，趙楚懾服，不敢攻秦者，白起之勢也。身所服者七十餘城，功已成矣，賜死於杜郵。吳起爲楚悼罷無能，廢無用，損不急之官，塞私門之請……功已成矣，卒支解。大夫種爲越王墾草剏邑，辟地殖穀，率四方士上下之力，以禽勁吳，成伯功。勾踐終棓而殺之。此四子者、成功而不去，禍至於此。此所謂信（今作伸）而不能詘；往而不能反者也……」。

按信而不能詘；往而不能反。卽知進而不知退；知存而不知亡；知得而不知喪也。此四子者，功高勢盛，威震其主。處亢之地（按文言傳知進而不知退一段，本釋乾上九亢龍有悔之義），過高而不能下，取危之道，易傳已著其義。老子：「功成、名遂、身退，天之道也（第八章）」。又曰：「知足不辱；知止不殆，可以長久（第三十七章）」。後人引爲常談，不知其亦襲易傳之義，綜上皆隱用易傳之旨也。

3、用坤初六履霜堅冰至之義

國語晉語、驪姬欲殺申生，謂獻公曰：「以皐落狄之朝夕苛我邊鄙（注：皐落、東山狄也，苛、擾也），使無日以牧田野（無日不有狄儆，故不得牧於田野）……盍使之伐狄……若不勝敵，雖濟其罪可也。若勝敵，則善用衆矣，求必益廣，乃可厚圖也……君其圖之？公說。是故使申生伐東山。衣之偏裻之衣，佩之以金玦（裻在中，左右異，故曰偏。玦如環而缺，以金爲之。按以玦示訣）。僕人贊聞之曰：太子殆哉（贊、太子僕也，殆，危也）！君賜之奇，奇生怪，怪生無常，無常生不立（不立、不得立也）。使之出征，先以觀之（觀其用衆）。故告之以離心，而示之以堅忍之權（離心，偏衣中分也。堅忍，金玦也，玦亦離。傳曰：金寒玦離）。則必惡其心，而害其身矣。惡其心必內險（危也）之；害其身必外危之（外危之，使攻伐）。危自中起，難哉！且是衣也，狂夫阻之衣也（狂夫、方相氏之士也。阻、古詛字。將服是衣，必先詛之）。其言曰：盡敵而反（言、謂狂夫祭詛之言）。雖盡敵，其若內讒何！申生勝狄而反。讒言作於中。君子曰：知微」。

按坤初六曰：「履霜堅冰至」。象曰：「履霜堅冰，陰始凝也」。履霜、陰氣始凝，而知堅冰之將至。知微之至者也。易道尚幾微。繫下第五：「子曰：知幾其神乎！幾者動之微，吉之先見者也」。姤（䷫ 巽下乾上）一陰在下，而經文曰：「姤、女壯，勿用取女」。皆知微、先事爲戒之顯例。按驪姬欲殺申生而立其子，蓄意已久。故誘獻公，令申生將兵伐東山，觀其能用衆與否。若勝，則嚴峻以防伺之；敗則加之以罪，均之、申生必危。僕人贊洞察其奸，故知太子必危。此知微之事，易已著之矣。

4、隱用泰象傳后以裁成天地之道之義

荀子王制篇：「天地者、生之始也；禮義者，治之始也；君子者、禮義之始也……故天地生君子；君子理天地。君子者，天地之參也；萬物之摠也；民之父母也。無君子，則天地不理，禮義無統……」。

按泰象傳：「后以裁成天地之道；輔相天地之宜，以左右民」。荀子此段隱用泰象傳「后以裁成天地之道」之義。何則？「天地生君子」，天降下民，作之君也。君子卽后。故曰「君子者，民之父母也」。「君子理天地」。又曰「無君子，則天地不理」，理天地，卽裁成天地之道。故又曰「君子者、天地之參也」。言能贊天地之化育，與天地參並矣，則裁成之事，固在此耳。

5、隱用損象傳損下益上之義

王制篇又曰：「故王者富民，覇者富士，僅存之國富大夫，亡國富筐篋，實府庫。筐篋已富，府庫已實而百姓貧。夫是之謂上溢而下漏。入不可以守；出不可以戰。則傾覆滅亡，可立而待也」。

按荀子本段，隱用損象傳「損下益上」之義。損象傳曰：「損、損下益上，其道上行」。觀益象傳曰：「益、損上益下，民說无疆。自上下下，其道大光」。知「其道上行」句爲損民以肥己也。荀曰：「上溢而下漏」，則是損下以益其上，隱用損象傳之義矣。「筐篋已富，府庫已實而民貧」，則損下益上之事實可知。

6、隱用困象傳之義

國語晉語二：「二十二年（獻公二十二年），公子重耳出亡，及柏谷。卜適齊楚。狐偃曰：無卜焉。夫齊楚道遠而望大（注：望大、望諸侯朝貢，不恤亡公子），不可以困往。道遠難通；望大難走（注：難歸走也。逢按走亦往義）。困往多悔。困且多悔，不可以走望。若以偃之慮，其狄乎」！

按處困不宜求人，困往多悔。狐偃隱用易義，以定取舍也。易爲衰世之學，每見處困窮之際，必多悔吝。教人於去就取與，知所愼擇也。按困☵☱坎下兌上。陰踞陽上，陽伏處陰爻之下。小人道長之際，故爲困。彖傳曰：「困、剛揜也」。剛陽以喩君子，剛陽見揜於陰柔，不利君子。傳又曰：「有言不信，尙口乃窮也」。雖以甘言求人；人必不信。處困而往求於人，必多悔吝。困彖傳已著其義矣。國語此處固隱用困彖傳之義也。

7、隱用艮象傳君子以思不出其位之義

韓非子外儲說右上第三十四：「季孫相魯，子路爲郈令。魯以五月起衆爲長溝。當此之時，子路以其私秩粟爲漿飯（先愼曰：漿飯、粥也），要作溝者於五父之衢而飡之。孔子聞之，使子貢往覆其飯。擊毀其器曰：魯君有民，子奚爲乃飡之？子路怫然怒。攘肱而入，請曰：夫子疾由之爲仁義乎？所學於夫子者，仁義也。仁義者，與天下共其所有，而同其利者也。今以由之秩粟而飡民。其不可、何也？孔子曰：由之野也。吾以女知之。女徒未及也。女故如是之不知禮也。女之飡之，爲愛之也。夫禮、天子愛天下；諸侯愛境內；大夫愛官職；士愛其家。過其所愛曰侵。今魯君有民，而子擅愛之，是子侵也，不亦誣乎！言未卒，而季孫使者至。讓曰：肥也起民而使之，先生使弟子止徒役而飡之。將奪肥之民耶？孔子駕而去魯……」。

按子路爲郈令，其有所施與，當及於郈之民而已。今爲長溝者，魯之衆民也。飡及魯之衆民，有侵官，市恩之嫌矣。易艮大象傳：「兼山艮、君子以思不出其位」。子路爲令，而過愛魯之民人，是侵官而越職，已出其位，而非分之所當爲。此段所言，正隱用易義也。

8、隱用豐彖傳月盈則食之義

左哀十一年傳：「吳將伐齊，越子率其衆以朝焉。王及列士，皆有饋賂，吳人皆喜。唯子胥懼曰：是豢吳也夫！諫曰：越在我，心腹之疾也……不如早從事焉……弗聽。使於齊，屬其子於鮑氏，爲王孫氏。反役。王聞之，使賜之屬鏤（劍名）以死。將死、曰：樹吾墓檟，檟可材也，吳其亡乎！三年、其始弱矣。盈必毀，天之道也」。

按易言天道、豐彖傳曰：「日中則昃；月盈則食。天地盈虛，與時消息，而況於人乎……」。月盈則食，卽盈而必毀之象。天地有消息之理；人世焉得無盛衰盈毀之事？今吳方盛，故欲伐齊，以張其餘威。越子率其衆來朝，徧有饋賂，以示臣服。在吳、以爲畏己之威；在越、實驕溢其志。故子胥以爲豢吳。驕則志大圖妄，而忘其腹心之患，皆處豐盈之極而不自知檢，故子胥曰：盈必毀。謂吳以驕盈必自取滅亡。是隱用易傳之義也。

9、隱用繫上第一天尊地卑貴賤位矣之義

荀子王制篇：「分均則不偏（王念孫曰：偏當讀徧）；勢齊則不壹；衆齊則不使。有天有地，而上下有差。明王始立，而處國有制……」。

按荀子右段，隱用繫傳第一天尊地卑，貴賤位矣之義。繫傳曰：「天尊地卑」，故荀子曰：「有天有地」。繫傳曰「卑高以陳，貴賤位矣」。卑高，卽荀子所謂上下。上下差等分明，則貴賤各安其位，此禮之所由興，而處國之道也。故曰：「處國有制」。此段首「分均則不偏」三句，明言無尊卑上下，則不能相制而收統馭之效。是此段隱用易傳之義也。

10、隱用繫上第十一太極生兩儀之義

禮記禮運：「是故夫禮，必本於太乙。分而爲天地，轉而爲陰陽，變而爲四時，列而爲鬼神……」。

按繫上第十一：「是故易有太極，是生兩儀；兩儀生四象；四象生八卦……」。兩儀，卽天地陰陽。四象，卽四時。虞翻曰：「四象，四時也。兩儀，謂乾坤也」。卽據禮運以釋易。而太一卽太極，爲天地之始也，是禮運此段隱用繫傳之義也。

11、隱用說卦傳立三才之道之義

列子王瑞：「子列子曰：天地無全功；聖人無全能；萬物無全用。故天職生覆；地職形載；聖職教化……故天地之道，非陰則陽；聖人之教，非仁則義；萬物之宜，非柔則剛。此皆隨所宜，而不能出所位者也」。

按說卦傳：「昔者聖人之作易也，將以順性命之理。是以立天之道，曰陰與陽；立地之道，曰柔與剛；立人之道，曰仁與義。兼三才而兩之，故易六畫而成卦……」。

按列子言三才（天地人）各有專司（天職生覆……等句），不能相兼（天地無全功……等句），故天地人之道各異。曰：「故天地之道，非陰則陽……」等句，直襲說卦之旨，此隱用易傳之義也。

四、直用易義

1、直用坤文言傳積漸之禍辯之宜早之義

韓非子外儲說右上：「子夏曰：春秋之記、臣殺君、子殺父者，以十數矣，皆非一日之積也，有漸而以至矣。凡姦者，行久而成積。積成而力多；力多而能殺，故明主早絕之。今田常之爲亂，有漸久矣！而君不誅。晏子不使其君禁侵陵之臣，而使其主行惠（按上文，晏子勸景公防田氏之有齊國，莫如行恩惠而給不足，若然、民將舍田氏而歸君）。故簡公受其禍。故子夏曰：善持勢者、蚤絕姦之萌」。

按坤文言傳：「積善之家，必有餘慶；積不善之家，必有餘殃。臣弒其君，子弒其父。非一朝一夕之故，其所由來者漸矣，由辯之不早辯也。易曰：履霜堅冰至，蓋言順也」。韓非子此段言田氏簒弒之禍，積漸以久。宜早絕姦萌。所謂防患於未然。此直用坤文言傳積漸之禍，辯之宜早之義。其責晏子不應令景公行惠，而不知持勢之道者，法家之言也。法家重權勢，不肯輕以假人。晏子頗近儒家。故主施惠於民，以奪齊人歸田氏之心。亦爲治本之計。儒法主張不同，故所持各異也。又按杜微防漸，繫傳所謂知幾也（下繫第五曰：知幾其神乎！君子見幾而作，不俟終日）。皆本經文：「坤初六、履霜堅冰至」。初霜而知堅冰之必至，所謂防之宜早，辯之在先也。

2、直用豐象傳盈虛之義

管子白心第三十八：「故曰功成者隳；名成者虧。故曰：孰能弃名與功，而還與衆人同……日極則仄；月滿則虧。極之徒仄；滿之徒虧，巨之徒滅。孰能已無已乎？效夫天地之紀……」。

按豐彖傳：「豐、大也……日中則昃；月盈則食。天地盈虛，與時消息。而況於人乎？況於鬼神乎」？易傳昃字、管子作仄、二字雙聲疊韵，同在廣韵二十四職內，同阻力切，得相通假。按管子右段，教人忘功與名，有而不居。不然必敗。驕溢之禍，所由起也。故直用豐彖傳盈虛之義以爲儆也。曰：「天地之紀者」，明此爲天地之道、與易旨同。又

戰國策秦策、蔡澤曰：「日中則移；月滿則虧；物盛則衰。天之常數也；進退盈縮變化，聖人之常道也。

昔者齊桓公九合諸侯，一匡天下。至葵丘之會，有驕矜之色，畔者九國。吳王夫差，無適於天下（適敵同音假用），輕諸侯，淩齊晉，遂以殺身亡國……此皆乘至盛，不及道理也」。

按右段文中、「天之常數也」、「聖人之常道也」二句、數、道二字互文，數卽道也。蔡澤亦直用豐象傳盈虛之義，以此爲天之常道，人所宜取。以明物禁太盛之理。曰「此皆乘至盛，不及道理者」，謂不知處盛持盈之道，以至滅亡也。

3、直用繫上第五生生之義

墨子尙賢下：「今也天下之士君子，皆欲富貴而惡貧賤？曰：然。女何爲而得富貴，而辟貧賤？莫若爲賢。爲賢之道將奈何？曰：有力者，疾以助人；有財者，勉以分人；有道者，勸以教人。若此，則飢者得食；寒者得衣；亂者得治，此安生生（王引之云：安猶乃也。言如此，乃得生生）」。

按此言尙賢、爲賢。方能振民於飢寒，撥亂世而反之治。使民樂其生，繁衍富庶，熙熙和洽，是生生之道，直用繫上第五生生之謂易之義。本篇下文又曰：

「是故昔者堯有舜，舜有禹，禹有皐陶……而天下和、庶民阜。是以近者安之；遠者歸之……」。

按右段云：「天下和、庶民阜」，爲民殷政和之治績。曰「近者安之；遠者歸之」。爲近者悅服，遠方懷來之盛世，則賢治生生之效。皆直用繫傳易道生生之義也。

五、約用易義

1、約用乾文言傳物從其類之義

荀子勸學篇：「施薪若一，火就燥也；平地若一，水就溼也；草木疇生；禽獸羣焉（王念孫曰：羣居與疇生對文、今本居作焉者，涉下文四焉字而誤），物各從其類也……」。大略篇：「君人者不可以不愼取臣；匹夫不可以不愼取友。友者，所以相有也。道不同，何以相有也？均薪施火，火就燥；平地注水，水流溼。夫類之相從也，如此之箸也。以友觀人，焉所疑……」。又鄧析子轉辭篇：「故抱薪加火，燥者必先燃；平地注水，溼者必先濡。故曰：動之以其類，安有不應者，獨行之術也」。

按文言傳：「九五曰飛龍在天，利見大人，何謂也？子曰：同聲相應，同氣相求。水流濕，火就燥。雲從龍，風從虎。聖人作而萬物覩。本乎天者親上，本乎地者親下，則各從其類也」。按文言傳聲氣應求，物從其類諸語，本釋乾九五、飛龍在天，利見大人之義。九二九五、經皆云利見大人，取二五應爻（爲陰陽之正應。二陰位，五陽位），以爲感應之象。如水火燥濕，則連類相及，其性質相近之故。於人，則爲感應之事。舜有天下，選於衆，擧皐陶，不仁者遠矣；湯有天下，選於衆，擧伊尹，不仁者遠矣（論語顏淵）。此則感召。大學：堯舜帥天下以仁，而民從之；桀紂帥天下以暴，而民從之。則是聲氣之應求（俗謂氣味相投）。咸彖傳曰：聖人感人心而天下和平，則精誠之互通。皆感應之事也。於人特爲顯著耳。綜按荀子兩用易義，但云物從其類。鄧析子動以其類，又出「應」字，皆約用易義也。

2、約用泰否彖傳之義

文子上德：「天氣下，地氣上、陰陽交通，萬物齊同。君子用事，小人消亡。天地之道也。天氣不下，地氣不上，陰陽不通，萬物不昌。小人得勢，君子消亡。五穀不植，道德內藏……」。

按泰彖傳：「泰，小往大來吉亨、則是天地交而萬物通也；上下交而其志同也。內陽而外陰；內健而外順；內君子而外小人。君子道長，小人道消也」。否彖傳：「否之匪人，不利君子貞，大往小來。則是天地不交，而萬物不通也；上下不交而天下无邦也。內陰而外陽；內柔而外剛；內小人而外君子。小人道長，君子道消也」。

按泰否二卦對待。泰乾下坤上，天地交媾，陰陽和合，故萬物得以亨通昌盛。於人事，則君子當路，小人退斥，政清人安，此世宇昇平之象，故曰泰，否則相反。文子右段云然，即約用泰否彖傳之義也。

3、約用益彖傳天施地生之義

大戴記曾子天圓篇：「參嘗聞之夫子曰：天道曰圓，地道曰方。方曰幽而圓曰明。明者吐氣者也，是故外景；幽者含氣者也，是故內景。故火日外景而金水內景。吐氣者施而含氣者化，是以陽施而陰化也。陽之精氣曰神；陰之精氣曰靈。神靈者，品物之本也……」。

按大戴記本段，在明天地之道。皆藉所具之氣而顯用於外。天道吐氣，地道含氣。有此二氣，而品物資之以生以成，故曰：「品物之本也」。又謂：「吐氣者施而含氣者化，是以陽施而陰化」。則約用益彖傳：「天施地生，其益无方」之義。陽施陰化，即天施地化（化卽生）觀本段上文，天吐氣而施，地含氣而化可知。

4、約用繫上第一易簡之義

尹文子大道：「故人以度審長短；以量受多少；以衡平輕重；以律均清濁；以名稽虛實；以法定治亂；以

簡治煩惑；以易御險難。以萬事皆歸於一；百度皆準於法。歸一者，簡之至；準法者，易之極。如此、頑嚚聾瞽，可以（與也）察慧聰明同其治也」。

按此論治道。以法爲治，是爲以簡御煩；以易治難之事。其釋易簡之義至明。而易簡之理，於易已箸之矣。繫上第一：「乾道成男；坤道成女。乾知大始；坤作成物。乾以易知；坤以簡能。易則易知；簡則易從……易簡而天下之理得矣。天下之理得，而成位乎其中矣」。按乾坤以象天地人物。於人爲男女。於卦爲陰陽剛柔之爻。一陰一陽（一奇一耦）之爻畫（易簡之至）具，而六十四卦之變化，已基於此，此何等易簡之事與。

5、約用繫下第五危者安其位……之義

孟子離婁上：「孟子曰：不仁者可與言哉！安其危而利其菑，樂其所以亡者。不仁而可與言，則何亡國敗家之有」？

孟子嘆不仁之人，以危爲安，以災爲利。樂行亡國敗家之事。雖與之言，弗聽。此約用繫下第五：「子曰：危者安其位者也；亡者保其存者也；亂者有其治者也。是故君子安而不忘危；存而不忘亡；治而不忘亂。是以身安而國家可保也。易曰：其亡其亡，繫於苞桑（否九五爻辭）」之義。知所以致危亡之道，安不忘危，存不忘亡，身安而國家可保，又何亡國敗家之有？孟子之言，實出乎此。

又

荀子仲尼篇：「故知者之舉事也，滿則慮嗛；平則慮險；安則慮危。曲重其豫，猶恐及其旤，是以百舉而不陷也」。

按荀子右段「平則慮險，安則慮危」，本以避禍也。即約用繫傳「危者安其位者也，是故君子安而不忘危，是以身安而國家可保也」之義。知者平時如臨淵履薄，知所戒懼，自無隕陷之患矣。

六、與易義相合

1、與乾文言傳聲氣應求之義合

呂氏春秋賜君覽：「四曰類同相召；氣同則合；聲比則應。故鼓宮而宮應；鼓角而角動。以龍致雨；以形逐影。禍福之所自來，衆人以爲命焉，不知其所由……」。

按文言傳：「子曰：同聲相應；同氣相求……」呂覽「氣同則合；聲比則應。故鼓宮而宮應；鼓角而角應」四句，與文言傳聲氣應求之義正合。皆言感召之事。

2、與文言傳大人與天地合德之義合

墨子尚賢中：「周頌道之曰：聖人之德，若天之高，若地之普。其有昭於天下也，若地之固，若山之承，不坼不崩。若日之光，若月之明，與天地同常。則此言聖人之德，章明博大，埴固以脩久也。故聖人之德，蓋總乎天地者也」。

按文言傳：「夫大人者，與天地合其德，與日月合其明……先天而天弗違；後天而奉天時……」。墨子謂聖人之德，若天之高，若地之普之固，若日月之光明，則聖人與天地合德有徵矣，又曰聖人之德總乎天地者也，則與天地並矣。與易傳言先天而天弗違，皆深贊之。墨子言聖人，即易傳之大人固可知。

3、與蠱彖傳言終始之義合

荀子王制篇：「以類行雜（注：得其統類，則不患於雜也），以一行萬（行於一人，則萬人可治，皆謂得其樞要也。逢按上二句，直以簡御煩之義，一非一人之比）。始則終，終則始，若環之無端也，舍是而天下以衰矣……」。

按荀子此處，本言治道，須知倫類。知倫類，則能以簡御煩。以此為治，始終如一，終而復始，此原則不變。而言終始之理，若環無端，則與蠱彖傳「終則有始，天行也」之義合。荀曰：「終則始」。即終而復始。若環無端者，謂終始之際，無或間斷也。此喻尤切。

4、與剝彖傳言消息盈虛之義合

管子戒第二十六：「管仲寢疾，桓公往問之曰：仲父之疾甚矣！若不可諱也，不幸而不起此疾，彼政我將安移之？管仲未對，桓公曰：鮑叔之為人何如？……臣聞之，消息盈虛，與百姓詘信，然後能以國寧。勿已者，朋其可乎！朋之為人也，動必量力，舉必量技……」。

按桓公問能繼管仲任政之人，歷舉鮑叔等數人，管仲皆不許。獨謂隰朋能量力而動，量技而舉，是知消息盈虛之理。待時而行，見幾而作者也。此所言消息盈虛與剝彖傳消息盈虛之義合。剝彖傳曰：「剝、剝也。柔變剛也。不利有攸往，小人長也。順而止之，觀象也。君子尚消息盈虛，天行也」。彖傳上句言不利有攸往、下曰順而止之。往而不利，則當止，順時而止也（剝坤下艮上、坤順艮止）。故曰君子尚消息盈虛、天行也。天道有消息盈虛，人當則而象之，以定取舍，可行則行，不可則止，管子指隰朋能量力而行，量技而舉者是也。

5、與家人彖傳正名之義合

論語顏淵：「齊景公問政於孔子，孔子對曰：君君、臣臣、父父、子子。公曰：善哉！信如君不君、臣不臣、父不父、子不子。雖有粟，吾得而食諸」？

按先秦儒家極重視正名之說。子路篇：「子路曰：衞君待子而爲政，子將奚先？子曰：必也正名乎！……名不正則言不順，言不順則事不成，事不成則禮樂不興，禮樂不興則刑罰不中，刑罰不中則民無所措手足……」。孔子極言正名之義，關涉治道甚鉅。正名者，名實相符之謂。有其名必有其實。君有君道，臣有臣守。君不君，則失其所以爲君之道，如諸侯危社稷則變置（廢而更立，孟子語），甚且召致篡弒之禍，以自取滅亡。君臣父子，各如其名，各修其職，則紀綱立而國家安定（樂記：紀綱既正，天下大定），此正名之大義也。與家人彖傳：「家人有嚴君焉，父母之謂也。父父、子子、兄兄、弟弟、夫夫、婦婦而家道正；正家而天下定矣」之旨正合。皆儒家之言也。

6、與繫上第一類聚羣分之義合

戰國策卷十、齊三：「湻于髡一日而見七人於宣王。王曰：子來、寡人聞之，千里而一士，是比肩而立。百世而一聖，若隨踵而至也。今子一朝而見七士，則士不亦衆乎？湻于髡曰：不然。夫鳥、同翼者而聚居；獸、同足者而俱行。今求柴葫桔梗於沮澤，則累世不得一焉（注：桔梗、山生之草也），及之睪黍梁父（皆山名）之陰，則郄車而載耳。夫物各有疇（疇、類），今髡、賢者之疇也。王求士於髡，譬若挹水於河，而取火於燧也。髡將復見之，豈特七士也」。

按繫上第一：「方以類聚，物以羣分，吉凶生矣。」髡所謂「物各有疇」。又曰：「鳥、同翼者而聚居；獸、同足者而俱行」。疇卽類、羣之義。鳥之聚居，獸之俱行，卽類聚群分之義，髡之言與繫傳相合也。

參考書目

先秦漢魏易例述評　禮記深衣　荀子非相篇　禮記表記　呂氏春秋有始覽、愼大覽　禮記坊記　荀子大略篇　禮記緇衣　論語憲問　呂氏恃君覽　戰國策秦四　禮記樂記　大戴禮祭篇　荀子王制篇　莊子知北遊
論語陽貨　鄧析子轉辭　管子宙合　晏子內篇問上　左傳　呂氏春秋審分覽　荀子富國篇　國語周語
禮記祭義　孫子執篇　呂氏愼行論　莊子大宗師　韓非子解老　莊子達生田子方　荀子解蔽　呂氏似順論
莊子庚桑楚　論語　戰國策秦策　國語晉語　荀子王制　韓非子　列子天瑞　管子白心　墨子尙賢　鄧析子　大戴天圓　尹文子大道　孟子　管子　戰國策

第三章　先秦諸子易說析論

周易一書，雖有經傳之分，然其思想理論，實構成完整之體系。蓋本枝源流，散合一貫，有條而不紊也。本章所列十二目，悉按周易思想之體系而論次之。諸子易說，散在各書，搜抉掇拾，頗費心力。然後尋其脈絡，衡其輕重，揆諸倫類而析論之。總分十二節。一曰卦爻。易之根本也。易先有奇耦之畫，而後八卦，復重爲六十四卦，以此演述天人之事象也。二曰時位。仍本之於卦爻。卦有時而爻有位。易最重時，彖傳於豫隨至小過十三卦內，皆張皇時義可見。位本爻位。以爻之所處不同，而有承乘比應之分。吉凶悔吝，由茲而生，其重要可知。三曰道。周易以形而上下，區分道之與器。於道之全體大用，悉予指陳。諸子言道，覈其所包舉，未有能出周易思想之外者。且道爲絕待，無道外之道，分而言之，有天地人之道，實則同本共貫，不分畛域。周易於繫傳中言之至悉。四曰陰陽。爲道之顯用。繫傳曰：一陰一陽之謂道。陰陽二字，諸子書多有稱述。陰陽總此陰陽，凡具形上意義者，舉爲易道之陰陽，易以道陰陽也（莊子）。五曰對待。陰陽相反相合，爲對待之顯例。品彙之生成變化，無不以陰陽爲之樞；萬有之紛紜雜陳，亦無不有對待之名事。傳曰：因貳以濟民行，對待之謂也。六曰動。傳曰：天下之動，貞夫一者也。一者何？乾元一氣之謂。動而不已，則生生不息。春雷始震。陽氣潛發。草木萌動，百花怒放，此元氣流行之作用，動之云爾。七曰變。動則變，萬物因陰陽之變化以生以長。宇內品物之所以繁衍生殖，富有日新，變化之力也。八曰象數。易本有象數，一奇二耦，以象乾坤陰陽，自卦爻所固有，惟不如後世之穿鑿爲說，妄立名目，以破碎易義耳。九曰中。在易二五爲中，卦分上下二體，二五各居中正之位。易卽以二五爻位譬況中道。在二五之爻，具中正之德，每有吉而无咎之徵，其見重可知。十曰性命。易爲性命之書。傳謂聖人作易，將以順性命之理；窮理盡性以至於命，此天人密契之幾也。十一曰天人。言天人合德，天人之交際也。易雖屢言天道，然固因天道以指陳人事。要在卽天常以立人紀。天人固不可分。於此，則易禮可謂（夫禮本於太一，太一卽太極）一源，蓋均有裨於世教也。十二曰政教。周易經傳言政教者固尠，惟大象頗有涉及，蓋六十四卦之大象，皆因天道以修人事，故於德治德化戒愼修省之事，嘗亟言之，諸子書言政教者固多，其於大象所未及者，概不錄列。綜上十二目，諸子易說之可觀者，擧在於斯。卽周易思想之體系言，諸子易說，雖言各有異，而大本不離於易道。觀其淵源條貫，如網之在綱，有條而不紊。而諸子敷暢厥詞，於經義尤多揄揚。故雖謂諸子易說，卽十翼繼起之作，要無不可也。

一、卦爻

1、卦爻所以表象事物

鬼谷子卷下、中經篇：「見形爲容，象體爲貌者，謂爻爲之主也」。

按原文止三句，其意不明。曰「形體」、蓋指事物之形體。繫傳謂：「古者包犧氏之王天下也，仰則觀象於天；俯則觀法於地。觀鳥獸之文與地之宜，近取諸身；遠取諸物，於是始作八卦，以通神明之德，以類萬物之情」。卽以卦畫表象事物也。鬼谷曰：「爲容爲貌」者，謂以卦畫象之也。容貌非具體之容貌，不過寫其意而已。繫傳曰：「以類萬物之情」，由「情」字可知。原注：「見彼形，象其體，即知其容貌者，謂用爻卦占而知之也」。按用爻卦占，但知吉凶，烏能知其容貌，注非也。

2、卦之始用

荀子王制篇：「相陰陽（注：相、視也，陰陽、謂數也），占祲兆（占、占候也。祲、陰陽相侵之氣。赤黑之祲，是其類也。兆謂龜兆。或曰兆、萌兆。謂望其雲物，知歲之吉凶也。按後說是），鑽龜陳卦（鑽龜，謂以火爇荊菙灼之也。陳卦，謂揲蓍布卦也。按此兼卜筮而言），主攘擇五卜（攘擇，攘除不祥，擇取吉事也。五卜，洪範所謂曰雨、曰霽、曰蒙、曰驛、曰剋。言兆之形也），知其吉凶妖祥，傴巫跛擊之事也（擊讀爲覡，男巫也。古者以廢疾之人主卜筮）」。

按荀子謂布卦爲巫覡之事，所以知吉凶妖祥而已。推此義也，則易最初，固爲卜筮之書，而卦爻之始，用以占筮而已。

3、卦爻之變動

左昭二十九年傳：「秋、龍見於絳郊。魏獻子問於蔡墨曰：吾聞之，蟲莫知（音智）於龍。以其不生得也，謂之知（同上）信乎？對曰：人實不知，非龍實知（同上）。古者畜龍，故國有豢龍氏，有御龍氏……獻子曰：何故今無之？對曰：夫物物有其方……若泯弃之，物乃坻伏（坻止也），鬱湮不育。故有五行之官。木正曰句芒，火正曰祝融，金正曰蓐收，水正曰玄冥，土正曰后土。龍、水物也。水官弃矣，故龍不生得。不然，周易有之，在乾䷀之姤䷫（巽下乾上）曰潛龍勿用，其同人䷌（離下乾上）曰見龍在田，其大有䷍（乾下離上）曰飛龍在天，其夬䷪（乾下兌上）曰亢龍有悔。坤䷁曰見群龍无首吉、坤之剝䷖龍戰於野。若不朝夕見，誰能物之」？

按蔡黑以龍無智，亦常見之蟲。故古有豢龍御龍之人。自水正弃官（按官失其守），龍始不生得，故人以爲奇耳。墨特藉乾坤部份爻畫之動而變，以言龍出見之情況。於此不過言卦爻之變動。後世以乾坤爲大父母，而生六十二卦（卽謂六十二卦，皆由乾坤各爻互變而來），以及言卦變者，皆肇基於此。

4、卦分貞悔

僖十五年左傳：「晉饑，秦輸之粟；秦饑，晉閉之糴。故秦伯伐晉。卜徒父筮之吉。涉河，侯車敗，詰之，對曰：乃大吉也。三敗必獲晉君，其卦遇蠱䷑（巽下艮上）曰：千乘三去，三去之餘，獲其雄狐。夫狐蠱，必其君也。蠱之貞，風也；其悔，山也。歲云秋矣。我落其實而取其材，所以克也。實落材亡，不敗何待」？

按蠱巽下艮上。下體巽爲風；上體艮爲山。傳云，貞風，悔山。是下體爲貞；上體爲悔也。卽內卦爲貞；外卦爲悔也。貞悔字初見於尙書洪範篇，爲占筮所用之二名。洪範曰：「七稽疑，擇建立卜筮人（傳：龜曰卜；蓍曰筮），乃命卜筮。曰雨、曰霽、曰蒙、曰驛、曰克、曰貞、曰悔、凡七。卜五，占用二」可知。僞孔傳：「內卦曰貞，外卦曰悔」。正義：「僖十五年傳云：秦伯伐晉，卜徒父筮之吉。其卦遇蠱……其占云：蠱之貞風也；其悔山也。是內卦爲貞，外卦爲悔也。筮法、爻從下起，故以下體爲內，上體爲外。下體爲本，因而重之，故以下卦爲貞。貞正也。言下體是其正。鄭玄云：悔之言晦，晦猶終也。晦是月之終，故以爲終」。

按正義釋貞悔之名謂：「貞正也，言下體是其正」。又釋悔引鄭玄曰：「悔之言晦，晦猶終也」。左傳正義（與書同爲孔氏）釋貞爲正，與書之疏同。而釋悔則曰：「乾之上九稱亢龍有悔，從下而上，物極則悔」。其釋悔別出一義。按貞、當用文言傳：「貞者，事之幹也」爲訓。凡物之主體曰幹。玉篇：「幹，體也」。詩詁：「木正出者曰幹」。禮記月令、羽箭幹注：「幹者，器之本也」是。貞爲卦之主體（主幹）。是以下卦爲主，凡畫卦自下而上，下體自爲根本。又卦分內外，泰否彖傳，已發其端。泰乾下坤上，傳曰：「內君子而外小人」是也。我國語法：凡對待之詞，其上下字，每各互通。如內外；貴賤；重輕；先後；長短；得失……等，其上下之字，咸各相通，爲訓詁之通例。如言內，則爲貴，爲重、爲先，外則爲賤、爲輕、爲後，春秋之義，內魯而外諸夏；內諸夏而外夷狄。卽有貴賤先後之義。而論人物曰：「有足多者」。多卽爲貴。言人之短，卽言人之失。例多，不贅。今卦之上下二體，以內卦爲主幹，故內卦曰貞；外卦曰悔。以外卦爲次也。悔之義，康成說近是。餘悉無取。

二、時位

易至重時位，時爲一卦所處之時代。爻各有其位（爻所處之位），合六爻之進退變化，則構成一時代。自乾、蒙、需、師、比、履、謙、蠱、臨、觀、噬嗑、賁、剝、復、頤、咸、遯、明夷、家人、蹇、損、困、井、革、鼎、震、艮、漸、歸妹、旅、兌、渙。凡三十二卦，皆著時義。如乾初九之潛、九二之見，九三之乾乾，九四之躍，九五之飛，上九之亢是，在初九處勿用之時，故宜潛，上九處過高之時，故有悔，皆因其時而異。又漸卦亦然。漸之進也（彖傳），易以鴻爲象，初九鴻漸于干，六二鴻漸于磐，九三鴻漸于陸，九四鴻漸于木，九五鴻漸于陵，皆進以漸，因時而異之顯者也。乾彖傳曰：大明終始，六位時成。時乘六龍以御天」。終始者，時之終始，即卦之初上也。六位時成，又明時位係屬之關涉。雖卦有時而爻有位，然位異則時殊，時位固不可分。皆明卦之有時而復與位相因，不可須臾離也。

1、時含時宜之義

孟子萬章篇：「孔子之去齊，接淅而行。去魯曰遲遲吾行也，去父母國之道也。可以速而速，可以久而久，可以處而處，可以仕而仕，孔子也。孟子曰：伯夷，聖之清者也；伊尹，聖之仕者也；柳下惠，聖之和者也；孔子，聖之時者也……」。

孟子謂孔子於速久處仕，皆以可爲斷。可者，適可，合宜之義。聖之時者，宜清則清；宜任則任；宜和則和。不偏不執，度時而行，即易時宜之義。按

艮彖傳：「艮、止也。時止則止；時行則行。動靜不失其時，其道光明」。行止唯決於時，則行止無不得其宜此彖傳發時宜之義，孟子所言，正與此合。又

中庸：「誠者，非自成己而已也，所以成物也。成己，仁也；成物、知也。性之德也，合外內之道也，故時措之宜也」。

仁知皆性之德。內先成己；外而成物，德具已成，所資之者已深，故時有措施，無不得宜，亦時宜之義，與易傳相合也。

2、時以隨時爲貴

國語越語下：「越王勾踐即位三年，而欲伐吳。范蠡進諫曰：夫國家之事有持盈（韋注：持，守也。盈，滿也），有定傾（定，安也。傾，危也。）有節事（節，制也）。王曰：爲三者奈何？對曰：持盈者與天

（與天，法天也。天道盈而不溢），定傾者與人（與人，取人之心也。人道好謙），節事者與地（法地也）。王不問，蠡不敢言。天道盈而不溢；盛而不驕；勞而不矜其功。夫聖人隨時以行，是謂守時。天時不作，弗爲人客（作、起也。攻者爲客。起，謂天時利害災變之應）；人事不起，弗爲之始……」。

傳言隨時之義甚備。時兼天時（曰天時不作，弗爲人客）時務（人事，曰人事不起，弗爲之始）而言。善夫齊人之言：雖有智慧，不如乘勢；雖有鎡基，不如待時（孟子引）。相時而動，何用不臧。此易所謂隨時之義也。隨彖傳曰：「隨，剛來而下柔，動而說隨，大亨貞无咎，而天下隨時，隨時之義大矣哉」。舉事隨時，唯大儒能然。

荀子儒效篇：「其舉事無悔，其持險應變曲當。與時遷徙，與世偃仰。千舉萬變，其道一也，是大儒之稽也」。

荀子言「與時遷徙，與世偃仰」。時世互文，卽謂隨時。惟能隨時，故持險應變曲當而無悔，皆知隨時之義。又與時與世，知所變通也。繫傳曰：「變通者，趣時者也」。又曰：「變而通之以盡利」。故舉事而無悔。荀子可謂知易矣。

3、位所

論語憲問，曾子曰：「君子思不出其位」。

按此曾子明引艮大象之文也。象曰：「兼山艮、君子以思不出其位」。位者位所。思不出其位，謂思不越其位所，亦卽思當止於其位所也。艮彖傳：「艮，止也……艮其止，止其所也」。象傳曰：「君子思不出其位」。彖傳曰：「艮其止，止其所也」。則位所義同。蓋有其位必有其所。所謂在位，安其位，皆有定所也。止有定所，於止知其所止也（大學引孔子語）。論語正義：「君子以思不出其位者，止之爲義，各止其所，故君子於此之時，思慮所及，不出其己位也」。卽申明易傳之義。

三、道

道卽易道、天道也。易每言道，尤善言天道也。昔子貢謂：夫子之文章，可得而聞也；夫子之言性與天道，不可得而聞也（論語公冶長）。而易則專言性與天道。於天道之本然，以及其流行周洽，化育萬物之事，皆曲盡無餘，具體而復精微者也。道本一物，絕待而獨立。故無道外之道。諸子所言道，無論爲體段，爲功化，舉未出周易言道所示義蘊之外。故由易道以窺諸子所言之道，不過爲道之一隅。而周易則於道之全體大用，無所不明矣。然諸子於道，人各有見，譬之管中窺天，所見者微耳。無論其所言爲一曲一方，而綜合以觀之，又未離夫易道之大體。則其與周易相發明者，其功固不可沒也。周易彖傳，首揭乾元之名，以立道之本體，卽云萬物之所資始資生（本坤元資生，乾坤總此一元），則諸子以爲道生萬有之理，已備於此矣。次以陰陽說明道之顯用。則諸子謂道之有精有信，無爲而無不爲，已包舉無餘矣。繫傳更以形而上下，分別道之與器，則天道以外，凡言事物之條貫，日用生活當然之理義，亦無不歸納於其中矣。易復以道爲天地之元氣，爲維繫宇宙生命之無旣生機，以明易道生生不已，富有日新之原理。在在顯示道之爲物，並無神秘玄遠之意義；亦非憑空虛構之事實。要在示人當洞知個人之生命，來自天地，與自然界活潑流暢之生機，息息攸關。從而發揮其本然秉賦之生命潛力，以爲極有意義之活動，而拓展吾人類光華遠大之前途，先民作易之旨，如斯而已。然則道奚爲不足言，又何必堅執一隅之見而以此爲河漢之言與。

1、道之訓義

(1)、釋道爲道路

莊子漁父：「孔子遊乎緇帷之林，休坐乎杏壇之上……有漁父者，下船而來，須眉交白……客曰：嘻，甚矣！子之好學也……惜哉！子之蚤湛於人僞，而晚聞大道也……吾去子矣，乃刺船而去……子路旁車而問曰：由得爲役久矣，未嘗見夫子遇人如此其威也（高亨曰：威讀爲畏。廣雅：畏，敬也）……孔子伏軾而歎曰……夫遇長不敬，失禮也……且道者，萬物之所由也。庶物失之者死，得之者生。爲事逆之則敗，順之則成。故道之所在，聖人尊之。今漁父之於道，可謂有矣，吾敢不敬乎」？

按莊子謂：「道者，萬物之所由也」。蓋以道路訓道字也。道路爲人之所由，誰能行不由路乎？孟子告子。孟子曰：「仁，人心也；義，人路也。舍其路而弗由，放其心而不知求，哀哉」！離婁、孟子曰：「仁，人之安宅也；義，人之正路也。曠安宅而弗居，舍正路而不由，哀哉」！由皆由路。論語雍也，子遊曰：「有澹臺滅明者，行不由徑」。子游謂其人方正，雖行步亦不肯由徑，徑爲小道（說文：徑，步道也）。老子：「大道甚夷，而民好徑」。禮記祭義：「道而不徑」。道徑雖有大小之別，其爲路一也。滅明之意，非大道不行，則徑爲道路之小者。人之所由，固爲道路。孟子告子篇，孟子謂曹交曰：「夫道若大路然，豈難知哉？人病不求耳」：亦以道路釋道字。此爲至切實之訓詁也。

按古道字，从首、从行、从止，作（散氏盤）。行卽道（名詞）。爾雅釋宮：「行，道也」。詩行露，厭浥行露傳，泉水，女子有行箋同。从止者，按止古作，足之初文，甲金文習見，首亦聲（說文段注）。足見道本爲人所行之路。說文二篇辵部：「道，所行道也」得其義。

(2)、以道爲是非之綱紀

韓非子主道第五：「道者，萬物之始，是非之紀也」。

按韓非以道爲萬物之本始，是非之綱紀，兼天道，人道而言也。是非之紀者，所以綱紀是非，爲是非之準則，是非由此以決定也。

2、道體

(1)、道之內蘊

老子二十一章：「道之爲物，惟恍惟惚。惚乎恍兮，其中有象；恍兮惚兮，其中有物；窈兮冥兮，其中有精。其精甚眞，其中有信。自古及今，其名不去」。

按老子明言其中有物。謂道有內蘊也。又曰其中有精有信。曰精曰信，則其內蘊者也。精，蓋言其潛在之功能。信、則可以徵驗之者也。如以易道言，則無恍惚窈冥之足言。以乾元一氣之流行，彖傳曰：「雲行雨施，品物流形」。則其信也。繫傳曰：「天地絪縕，萬物化醇；男女構精，萬物化生」。天地絪縕，是其精也。正義：「絪縕，相附著之義。二氣絪縕，共相和會，萬物感之，變化而精醇也」。感之，感於天地之精氣。使其中無精，萬物何由感之？感之者，當仲春之月，時和氣清。草木萌芽，百花怒放。人與畜類，咸有自然之感觸。邶風匏有苦葉第二章曰：「有瀰濟盈，有鷕雉鳴。濟盈不濡軌，雉鳴求其牡」。夫雌雄相求，物性之自然，而於此時尤爲顯著者，蓋天地之元氣，絪縕鼓盪（所謂溫煦孕育），有以致之。使夫人情物性，不獲自己。禮於仲春之月，令會男女，以此爲婚姻之良辰。如其愆期，則有摽梅之賦矣。又莊子大宗師：「夫道有情、有信，無爲無形，可傳而不可受，可得而不可見。自本自根。未有天地，自古以固存，神鬼神帝，生天生地……」。

按莊子謂道有情、有信，卽本諸老子，情者眞實之謂，老子謂之精者是也。曰可傳而不可受，可得而不可見，則老子恍惚窈冥之喩也，其義全本老子。

(2)、道爲實體

莊子知北遊：「天地有大美而不言……物已死生方圓，莫知其根……秋毫爲小，待之成體……萬物畜而不知，此之謂本根……」。

莊子謂道爲生養萬物之本根。有根本，固爲實體。前條所謂有情，有信者是也。蓋磅礴宇內，充塞兩間，皆洋溢天地之元氣，是其實體之可徵者也。又

文子道原：「夫無形大，有形細；無形多，有形少；無形強，有形弱；無形實，有形虛。有形者，遂事也；無形者，作始也；遂事者，成器也，作始者，樸也……」。

文子謂無形實，無形指道而言。曰實、則爲實體也。又以無形爲大、爲多、爲強者，文子謂有形爲遂事，爲成器、形而下者曰器，無形生有形。無形爲本，有形爲枝，本大於枝故也。

(3)、道之生生

老子四十二章：「道生一，一生二，二生三，三生萬物」。

按易明生生之義。下繫第一：「天地之大德曰生」。上繫第五：「盛德大業至矣哉！富有之謂大業，日新之謂盛德，生生之謂易」。生生者，不息不已之謂。正義：「生生者，不絕之辭」是也。老子謂

：道生一，一生二，二生三，三生萬物。則是生生之不息，以道爲之本始也。蓋道爲天地之大德。天地之大德曰生。生卽道之顯用，傳所謂：「顯諸仁（繫上第五）」，仁卽生德之及於萬品者也。德者，道之表徵。曰道曰德，不過自內及外耳。生德，固天地之功能，表見於外者。列子又以氣、形、質爲言

列子天瑞：「夫有形者，生於無形。則天地安從生？故曰有太易、有太初、有太始、有太素。太易者，未見氣也；太初者，氣之始也；太始者，形之始也；太素者，質之始也。氣形質具而未相離，故曰渾淪」。

由太易之未見氣至太素之有質。由無氣而有氣，有形、有質，亦見生生不息之義。荀子則總其義。

荀子哀公篇：「哀公曰：善。敢問何如斯可謂大聖矣？孔子對曰：所謂大聖者，知通乎大道，應變而不窮。辨乎萬物之情性者也。大道者，所以變化遂成萬物也……」。

按右段大道者二句，明道爲萬物生成變化之本原，有形上之意義。總結道之所以生生，以其爲萬物生成變化之原動力也。譬若機械之有然料，有動能，故能運轉不息，而產生其應有之製造品也。大道之「大」字、贊詞、道不待大，其本身圓滿自足也。又

大戴記哀公問五義篇：「孔子對曰：所謂聖人者，知通乎大道……大道者，所以變化而凝成萬物者也……」。

按右段與荀子同。

3、道之別名

(1)、常道

老子首章：「道可道，非常道；名可名，非常名……」。

按老子謂可道（可以言表述之者）之道非常道，明道有常道之名也。道不可以言述之者，前條所云恍惚窈冥，難以言喻。蓋一落言詮，便成私見，有失道之本然也。

荀子天論：「天不爲人之惡寒也輟多，地不爲人之惡遼遠也輟廣，君子不爲小人匈匈也輟行。天有常道矣，地有常數矣，君子有常體矣……」。

按常道，爲天地恒久之道，歷久而不變；亙古而彌新者也。恒彖傳特發其義。恒卦辭：「恒亨利貞、无咎、利有攸往」。彖傳：「恒、久也。剛上而柔下，雷風相與，巽而動，剛柔皆應恒。恒亨无咎利貞，久於其道也。天地之道，恒久而不已也。利有攸往，終則有始也。日月得天而能久照；四時變化而能久成。聖人久於其道，而天下化成。觀其所恒，而天地萬物之情可見矣」。按天地之道，所以恒久？惟其不息不已。終而復始，若環之無端。四時之迭更；日月之代明（寓恒久於變化之中），終古如斯，此其尤大章明較著者也。傳又曰於恒久可見天地萬物之情。足見天人之際，皆有恒久之常道。於天地，則日月代明，四時錯行是也。於人，則倫理紀綱、親親、尊尊之理，報本反始之義，卽爲常道。傳所謂：聖人久於其道，而天下化成者在此。固永元不可得而變更者也。荀子本篇首句曰：「天行有常」。天行卽天道。天行有常，固謂常道。本篇又曰：「日月遞炤；四時代御」。卽指天之常道而言，又本乎易傳也。又天有常道，呂覽以天行之信爲證。

呂氏春秋離俗覽，貴信：「天行不信，不能成歲。地行不信，草木不大（注：不信、氣節陰陽不交，故不成歲也。按信卽天之常道、屆時必然。如候鳥之應時而鳴；草木之及春萌孽，從不爽失也）。春之德風，風不信，其華不盛。華不盛，則果實不生。夏之德暑。暑不信，其土不肥。土不肥，則長遂不精。秋之德雨，雨不信，其穀不堅。穀不堅則五種不成。冬之德寒。寒不信，其地不剛。地不剛，則凍閉不開。天地之大，四時之化，而猶不能以不信成物，又況乎人事」？

按呂氏謂天行不信，不能成物。天行之信，卽天地不變之常道也。其言四時之德，德指天德，卽天道也。信者，誠信无妄，而可以徵實者也。此以天行之信，證天之有常道也。

按常道亦曰常。韓非首爲常字立訓

韓非子解老：「夫物之一存一亡，乍死乍生，初盛而後衰者，不可謂常。唯夫與天地之剖判也俱生，至天地之消散也，不死不衰者，謂常」。

韓非爲常字立界義。以凡物有存亡死生盛衰者，不可謂常。則常卽不變之義。存亡死生盛衰，皆已變異耳。此論物情之常。按常道之常，固卽事物之原則原理而言耳。

管子謂天地人皆有常

管子君臣上第三十：「天有常象，地有常形，人有常禮，一設而不更，此謂三常。兼而一之，人君之道也」。

管子謂天地人皆有常，於天地人之常，謂之三常。天有常象者，日月五星，在天成象者是也。地有常形者，山高澤下，川谷脈分，在地成形者是也。人有常禮者，君臣父子，上下尊卑，不可踰越，在人謂之倫紀者是也。斯三者，皆一設而不更，故謂之三常。實卽天地人之常道，約而言之曰常也。

管子又謂天有常，不變不失

管子形勢解第六十四：「天覆萬物，制寒暑，行日月，次星辰，天之常也。治之以理，終而復始。主牧萬民，治天下，蒞百官，主之常也。治之以法，終而復始。和子孫，屬親戚，父母之常也。治之以義，終而復始。敦敬忠信，臣下之常也。以事其主，終而復始，愛親善養，思敬奉教，子婦之常也。以事其親，終而復始。故天不失其常，則寒暑得其時，日月星辰得其序。主不失其常，則羣臣得其義，百官守其事。父母不失其常，則子孫和順，親戚相驩。臣下不失其常，則事無過失，而官職政治。子婦不失其常，則長幼理而親疏和。故用常者治；失常者亂。天未嘗變其所以治也。故曰天不變其常」。

按管子論常（與前條之義相足），由天而主，而父母臣下子婦，皆宜各有其常，以修其職分（人生天職），則由天常以及人紀，此易因天道以明人事之例。歷曰：「終而復始」，以此為常。與恆彖傳之義合。彖傳曰：「利有攸往，終則有始也」。管子則總君臣父子之體常，而要之曰：「用常者治；失常者亂」。用常則利有攸往，往无不利也。與易義悉合。又

國語越語下：「（越王）與范蠡入官（注：官，為臣隸也）於吳，三年，而吳人遣之歸，及至於國，王問於范蠡曰：節事奈何（欲更修政，故問節事）？對曰：節事者與地……時不至，不可彊生；事不究，不可彊成……時將有反，事將有閒（時，天時。事，人事。反，還也。閒，隙也。時還則祚在越，而吳事有釁隙之過也）。必有以知天地之恆制，乃可以有天下之成利。事無閒，時無反（吳事無釁隙，天時未在越），則撫民保教以須之。王曰：不穀之國家，蠡之國家也，蠡其圖之。對曰：四封之內……君臣上下，交得其志。蠡不如種也。四封之外，敵國之制，立斷之事，因陰陽之恆，順天地之常。柔而不屈，彊而不剛……用力甚少而名聲章明，種亦不如蠡也。王曰諾，令大夫種為之」。

按范蠡以常爲天地之恆制，人事之所取則。上文曰：必有以知天地之恆制。下繼曰：順天地之常，則常卽爲天地之恆制。人固不可不法。蓋本易法天修省之義。六十四卦之大象，多有君子以者是也。

(2)、天道

易常言天道。於謙彖傳，首立天道地道之名。臨彖傳曰：「大亨以正，天之道也」。繫下第十：「易之爲書也，廣大悉備，有天道焉，有地道焉……」。繫上第四：「易與天地準，故能彌綸天地之道」。是先聖作易以準天地，故主明天道。惟藉天道以明人事耳。

①消息盈虛

莊子秋水：「北海若曰：以道觀之，何貴何賤……一虛一滿，不位乎其形。年不可舉，時不可止。消息盈虛，終則有始。是所以語大義之方，論萬物之理也……」。

按消息盈虛，本爲天行（天道）。剝彖傳：「剝，剝也，柔變剛也。不利有攸往，小人長也。順而止之，觀象也。君子尚消息盈虛，天行也」。剝☶☷坤下艮上。以陰消陽，故傳曰：柔變剛也。以陰消陽，則陰息而陽消，是爲消息。八卦以象告（繫傳），先聖作易，仰則觀象於天，足見天道之有消息盈虛也。盈虛消息，疊言之耳。本爲一義，息爲盈，消爲虛也。或言損益盈虛。損彖傳曰：「損益盈盈，與時偕行」。皆與消息一義。莊子謂：「消息盈虛，終則有始」。蓋言消息往復，終則有始。故曰不位乎其形。以物之盈虛，本無常形。盈則虛，虛則盈。物未有盈而不虛，虛而不盈者，此物之恆情，故曰所以論萬物之理也。

左哀十一年傳：「吳將伐齊，越子率其衆以朝焉。王及列士，皆有饋賂。吳人皆喜，惟子胥懼曰：是豢吳也夫！諫曰：越在我，心腹之疾也……不如早從事焉……弗聽。使於齊，屬其子於鮑氏，爲王孫氏。反役，王聞之，使賜之屬鏤以死。將死，曰：樹吾墓檟，檟可材也，吳其亡乎！三年，其始弱矣。盈必毀，天之道也」。

子胥以盈必毀，爲天之道。盈必毀，卽盈則虛。是盈虛爲天道也。夫差恃盛而驕，亡不旋踵，子胥之言果驗也。

國語越語下：「越王勾踐卽位三年而欲伐吳，范蠡進諫曰……王不問，蠡不敢言。天道盈而不溢（注：陽盛則損，日滿則虧），盛而不驕，勞而不矜其功……」。

按盈而不溢，言盈不過甚（卽不能持久），過甚則反而爲虛。亦謂盈而必虛也。若盛而驕，勞而自伐，皆取敗之因。並以此爲天之道也。

②持平

老子七十七章：「天之道，其猶張弓與！高者抑之，下者舉之，有餘者損之，不足者補之。天之道，損有餘而補不足……」。

按抑高舉下，損有餘而補不足，是持平之義。俚語：天心至平也。謙彖傳曰：「天道虧盈而益謙；地道變盈而流謙；鬼神害盈而福謙；人道惡盈而好謙……」。

天地鬼神皆以盈爲戒，故或虧或變或害之。此示人以持盈謙下之義耳。然天道虧盈而又益謙，則是損有餘以補不足。老子持平之意，蓋出於此。

③終始

終始之義，已見於卦爻。初爲始，坤初六曰：「履霜堅冰至」。象傳曰：「履霜堅冰，陰始凝也」。上爲終。否上九曰：「傾否，先否後喜」。象傳曰：「否終則傾，何可長也」。此一卦之終始也。卦之有終始，象傳於乾卦已闡明之曰：「大明終始，六位時成，時乘六龍以御天」。終始所以紀時，卦有時，而初上爲其終始，亦天行（天道）之常，象傳於蠱卦直發其義曰：「先甲三日，後甲三日，終則有始，天行也」。按蠱，爲幹事之卦，序卦傳曰：「蠱者事也，有事而後可大」。故初六曰：「幹父之蠱」。九二曰：「幹母之蠱」。九三曰：「幹父之蠱」。六五亦曰：「幹父之蠱」可見。先儒以甲爲創作新令之日，先甲後甲，告曉丁寧，取反復申儆之義，以象天道之終而復始，故曰天行。終始之義，恆象傳言之尤詳曰：「恆亨无咎，利貞。久於其道也。天地之道，恆久而不已也。利有攸往，終則有始也。日月得天而能久照；四時變化而能久成……」。此明終始，爲天地恆久之至道。四時之變化，卽春夏秋相次，冬春相嬗之律則，終而復始之理，於此尤爲明著。天道有終始，故日月不過而四時不忒，人道亦有終始，歸妹象傳曰：「天地不交而萬物不興。歸妹，人之終始也」。男女昏嫁，爲人道之終始，所以延續人類活動之歷程；持久宇宙之大生命也。終始之義大矣哉。

荀子王制篇：「以類行雜，以一行萬。始則終；終則始。若環之無端也。舍是而天下以衰矣……」。

按荀子於此論爲治，謂以簡御煩之道，可以反復用之，故曰：始則終；終則始。曰若環之無端。取譬尤切。蓋終始之際，間不容髮，天道之終始固然。同篇又曰：「故天地生君子，君子理天地。君子者，天地之參也，萬物之總也，民之父母也。無君子則天地不理，禮義無統。上無君師，下無父子。夫是之謂至亂。君臣父子兄弟夫婦，始則終；終則始，與天地同理；

與萬世同久，夫是之謂大本……」。

按君臣父子兄弟夫婦，人倫之大端。而曰終始者，蓋謂世代之相繼相及，其禮秩有不可得而亂之者，故曰與萬世同久。此理終而復始，無或變也。

列子又明終始之無既。

列子湯問篇：「殷湯問於夏革曰：古初有物乎？夏革曰：古初無物，今惡得物？後之人將謂今之無物可乎？殷湯曰：然則物無先後乎？夏革曰：物之終始，初無極已。始或爲終；終或爲始，惡知其紀……」。

按列子在明終始之際，不可截然分割。故曰：「物之終始，初無極已」。言無窮止之期也。若有窮止之期，則是停止不前矣。物之生生相續，容有此理？故終始不可強分。如必曰：某者爲終；某者爲始。則膠着而不通。故曰：「始或爲終；終或爲始，惡知其紀」。言莫能得其分理（界限）也。要之，列子在明終始之相續無既。故不曰始終，而曰終始者，終則有始，若環之無端也。

終始之理，本爲天行

文子上德：「天行不已，終而復始。故能長久……」。

天道終而復始，易傳所謂恆久（天地之道，恆久而不已也）也，釋義已見前葉，茲略。

④不已

荀子哀公問：「公曰：敢問君子何貴乎天道也？孔子對曰：貴其不已。如日月東西相從而不已也，是天道也……」。

大戴記哀公篇同。按天行剛健，不息則不已。詩周頌：「維天之命，於穆不已」。鄭箋：「命猶道也」。是天道不已，經傳固常言之耳。

⑤无爲

大戴記哀公問於孔子篇：「公曰：敢問君何貴乎天道也？孔子對曰：貴其不已……無爲而成，是天道也……」。

禮記中庸：「故至誠無息。不息則久，久則徵，徵則悠遠，悠遠則博厚，博厚則高明……博厚配地；高明配天；悠久無疆。如此者，不見而章，不動而變，無爲而成……」。

按天不言，而四時行，百物生（論語）。天道本無爲。易惟繫上第十曰：「易无思也，无爲也……」。不明言天道。然先聖作易以準天地（繫上第四：易與天地準，故能彌綸天地之道）。易道卽天道也，天道無爲是也。

右言天道消息盈虛，持平，終始，不已，无爲，皆具形上意義，惟左氏間有以人事當之者：

左襄二十二年傳：「秋，欒盈自楚適齊。晏平仲言於齊侯曰：商任之會，受命於晉（注：受錮欒氏之命）。今納欒氏，將安用之？小所以事大，信也。失信不立，君其圖之！弗聽。退告陳文子曰：君人執信，臣人執共。忠信篤敬，上下同之，天之道也。君自弃也，弗能久矣！」

晏子謂小之事大，不可失信。以忠信篤敬，爲天之道。則天道固卽順理合情而已。小之事大，當執忠信，爲自然之理致，亦卽人世當然之理也。晏子以人事而當天道，蓋天人之際，固有相同之理在耳。

(3)、人道

易總天人之理。謙彖傳立天道人道之名，說卦傳又揭示天道人道之實曰：「立天之道，曰陰與陽；立人之道，曰仁與義」。然天工、人其代之，天道因人而日章，則人道固爲其始基也。荀子首訓人道之義。荀子儒效篇：「先王之道，仁之隆也。比中而行之。曷謂中？曰：禮義是也。道者，非天之道，非地之道。人之所以道也……」。

按「人之所以道也」，句中道字，動詞，行也，由也。荀子王伯篇：「故古之人有大功名者，必道是者也」。注：「道，行也」。史記魏世家：「道涉山谷」。索隱：「道，行也」。史記袁盎傳：「道軍所來」。集解引臣瓚曰：「道，由也」。管子制分：「富者所道強也」。注：「道，由也」。可證。道者人之所以由，所以行，自爲人道之訓義。荀子又舉祭祀爲人道作例禮論篇：「故曰祭者，志意思慕之情也……聖人明知之，士君子安行之……其在君子以爲人道也；其在百姓，以爲鬼事也……」。

荀子以祭祀爲人道。人道者，人所當由之路，所當行之事也。祭以報本反始，固人道之大者也。人道，固人之所由行，然溯其本，人道亦分於道（形上之道）。

莊子大宗師：「夫道，有情，有信，無爲，無形。可傳而不可受；可得而不可見。自本自根。未有天地，自古以固存。神鬼神帝，生天生地……維斗得之，終古不忒。日月得之，終古不息……彭祖得之，上及有虞，下及五伯。傅說得之，以相武丁，奄有天下……」。

莊子言斯道生天生地，固爲形上之道。又曰：「傅說得之，以相武丁，奄有天下」。傅說所得，自是創生天地之道，（四得之句，皆承上道字）而曰以相武丁，奄有天下者，固爲治之道，人道耳。人道分於大道（來自有情有信之大道）。莊子亦復有據，繫上第五：「一陰一陽之謂道。繼之者善也；成之者性也……」(二之字，指道)。善與性，皆秉自天。天人本不可分。莊子所言，要於易有據。

人道之可貴者，以其爲事理之權衡

荀子正名篇：「衡不正，則重縣於仰，而人以爲輕。輕縣於俛，而人以爲重。此人所以惑於輕重也。權不正，則禍託於欲，而人以爲福。福託於惡，而人以爲禍。此亦人所以惑於禍福也。道者，古今之正權也。離道而內自擇，則不知禍福之所託……」。

按荀子以道爲古今之正權。衡不正，則人惑於輕重，權不正，則人惑於禍福。是以道爲權，可以知人事之禍福。道足以爲事理之權衡者？蓋道爲事物當然之理，夫人行止所由取決也。蓋人順理則致福，逆理則足以速禍，人無不趨福而避禍，而不以道爲權衡可乎？

解蔽篇又曰：「聖人知心術之患，見蔽塞之禍。故無欲無惡(按無、無論之意)；無始無終；無近無遠；無博無淺；無古無今。兼陳萬物，而中縣衡焉，是故衆異不得相蔽，以亂其倫也。何謂衡？曰道。故心不可以不知道……故治之要，在於知道……」。

按荀子於此亦以道爲衡。曰：「兼陳萬物(按物卽事)，而中縣衡焉」。則以道、足以量萬物之輕重也。今知此道必爲人道者？荀子曰：「故治之要，在於知道」。知道爲致治之要，則此道爲治道、人道也。人藉道以測知事理之輕重緩急，得失禍福，人之不可以離夫人道信矣。

4、道之屬性

(1)、道有常有變

荀子解蔽篇：「墨子蔽於用而不知文；宋子蔽於欲而不知得；愼子蔽於法而不知賢；申子蔽於勢而不知知

；惠子蔽於辭而不知實；莊子蔽於天而不知人。故由用謂之，道盡利矣。由俗（注、俗當爲欲）謂之，道盡嗛矣。由法謂之，道盡數矣。由埶謂之，道盡便矣。由辭謂之，道盡論矣。由天謂之，道盡因矣。此數具者，皆道之一隅也。夫道者，體常而盡變，一隅不足以擧之。曲知之人，觀於道之一隅，而未之能盡識也……」。

按荀子謂諸家但觀道之一隅，而未能窺其全，故皆有所蔽。若論道之全，則有常有變。以常變言道，適與易義合。恆彖傳：「天地之道，恆久而不已也」。此其常。乾彖傳：「乾道變化，各正性命」。蓋一陰一陽，闔闢往來，交感和合，而百物生焉。此其變。易於古，號稱變經。繫傳曰：「知變化之道者，其知神之所爲乎」。神者，天地之功能，所以爲變化之主者也。惟其體常，而後能曲盡其變（變化多端），荀子體常盡變一語，可謂盡道之體用矣。

(2)、道之涵蓋性

莊子天地篇：「夫子（司馬彪曰：夫子、莊子也）曰：夫道、覆載萬物者也。洋洋乎大哉」！

按道能覆載萬物，足見其含宏廣大，無不包容。故曰洋洋乎大哉，此道之涵蓋性也。

荀子天論：「萬物爲道一偏。一物爲萬物一偏，愚者爲一物一偏，而自以爲知道，無知也」。

按偏與全對待，一偏卽一部份之意，萬物爲道之一部份，則萬物擧在道所包容之內，與莊子所言同。

(3)、道之普偏性

老子二十五章：「有物混成，先天地生。寂兮寥兮，獨立而不改，周行而不殆，可以爲天下母」。

按有物混成，先天地生，卽謂道。獨立而不改，言其恆常。周行而不殆，卽謂道之普偏性也。

(4)、道之通貫性

莊子知北遊：「東郭子問於莊子曰：所謂道，惡乎在？莊子曰：無所不在。東郭子曰：期而後可（郭象曰：欲令指名所在）。莊子曰：在螻蟻。曰：何其下邪？曰：在稊稗。曰：何其愈下邪？曰：在瓦甓。曰：何其愈甚邪？曰：在屎溺……至道若是……」。

莊子謂道無所不在。自螻蟻、稊稗、瓦甓、屎溺。每況愈下。其物愈卑益小，而仍有道在，此道之通貫性也。莊子又謂斯道周洽乎吾身

齊物論：「若有眞宰，而特不得其眹（姚鼐曰：第求無彼無我，乃彭蒙田駢愼到之術，非眞知道者。眞知道者，必求眞宰。眞宰者，不見其眹，而無處不可見）。可行已信，而不見其形。有情而無形，百骸九竅六藏（李楨曰：內經、五藏、心肝脾肺腎也，腎有兩藏，左爲腎，右爲命門），賅而存焉（疏、賅、備）……」。

按眞宰、卽謂道。故曰已信有情。信情，皆道之徵驗（卽其表德，說見前節）也。故雖不見其形，而周洽於吾人之身。百骸九竅六藏，無不備存，言通貫於吾人之身也。

管子益加推廣，謂有生之類，無不賅備。

管子宙合：「天不一時，地不一利，人不一事，是以著業不得不多，人之名位，不得不殊。方明者察於事，故不官（注、官、主也）於物，而旁通於道。道也者，通乎無上，詳乎無窮，運乎諸生……」。

管子謂通乎無上，詳乎無窮，則六合之內，無不有道之存在。曰運乎諸生者，庶物稟形於天，非道無由以生也。

禮記中庸於道之通貫性，言之尤備。一言以蔽之曰：體物而不可遺。中庸：「子曰：鬼神之爲德，其盛矣乎！視之而弗見，聽之而弗聞，體物而不可遺……」。按鬼神之德，蓋指天地功化之迹。雖無形聲（視之弗見，聽之弗聞），實於庶物，無乎不在，故曰體物而不可遺。卽此一語，而道之通貫性畢見矣。

(5)、極則必反

呂氏春秋不苟論第四：「冬與夏不能兩刑（注、火中而寒暑退，故曰不能兩刑），草與稼不能兩成。新穀熟而陳穀虧。凡有角者無上齒，果實繁者木必庳。用智褊者無遂功，天之數也。故天子不處全，不處極，不處盈。全則必缺；極則必反；盈則必虧……」。

按極則必反。易已隱寓其義。陰陽之有消息，日中則昃，月盈則食皆是。於卦，則剝極而復。上爻多稱窮極，如坤上六象傳：「其道窮也」。隨上六象傳：「上窮也」。節上六象傳：「其道窮也」。又否上九象傳：「否終則傾」。剝上九象傳：「終不可用也」。夬上六象傳：「終不可長也」。皆有終極則窮之義。明物禁太盛，極則必反也。故呂氏以極則必反，盈則必虧，爲天之數。天之數、卽天之道也。是道有極則必反之通性矣。

呂氏又於別篇證釋其理

似順論第五：「一曰事多似倒而順；多似順而倒。有知順之爲倒；倒之爲順者，則可與言化矣（注、化、道也）。至長反短；至短反長，天之道也（注、夏至極長，過至則短，故曰至長反短。冬至極短，過至則長，故曰至短反長也。天道有盈縮之數，故曰、天之道也）」。

按至長反短，至短反長，卽極則必反之證實。

管子以爲盛則必落

管子宙合第十一：「是故聖人著之簡筴以告後進曰：奮盛苓落也。盛而不落者，未之有也。故有道者……祿豐則務施，功大而不伐……」。

列子以爲至則必反

列子仲尼篇：「目將眇者，先睹秋毫；耳將聾者，先聞蚋飛；口將爽者，先辨淄澠；鼻將窒者，先覺焦朽；體將僵者，先亟犇佚；心將迷者，先識是非。故物不至者則不反」。

楚春申君黃歇，更以物極則反之理說強秦，使稍歛其威怒

戰國策秦四：「頃襄王二十年，秦白起拔楚西陵……楚人有黃歇者，游學博聞，襄王以爲辯，故使於秦。說昭王曰：天下莫強於秦楚，今聞大王欲伐楚，此猶兩虎相鬭，而駑犬受其弊。不如善楚。臣請言其說，臣聞之，物至而反，冬夏是也；致至而危，累碁是也（注、至、極也）……」。

由右知極則必反之理，當時人咸用之矣。

又按易道廣大，無所不容，無遠弗屆。上繫第六：「夫易廣矣大矣。以言乎遠則不禦……」。先聖作易以準天地，易道卽天道也。上繫第四：「易與天地準，故能彌綸天地之道……範圍天地之化而不過，曲成萬物而不遺，通乎晝夜之道而知。故神無方而易無體」。易道爲乾元。乾元者、天地之元氣也。其氣周流浹洽，以化育萬物，至廣至大。故能範圍天地之化而不過；曲成萬物而不遺。則道之涵蓋、普遍、通貫等屬性，舉在易道包容之內矣。

5、道之功用

(1)、易道生萬物

大戴記易本命篇：「子曰：夫易之生人禽獸萬物，各有以生。或奇或偶，或飛或行，而莫知其情。惟達道德者，能原本之矣」。

按易生人物，蓋謂易道生人物耳。言易者，詞之約也。易道生萬物，乾坤彖傳已明著之。乾彖傳曰：「大哉乾元！萬物資始……乾道變化，各正性命」。坤彖傳曰：「至哉坤元，萬物資生。乃順承天」。乾坤一元耳。以氣有陰陽之分，陽施陰成，故有乾坤之別（陰陽乾坤一也）。乾坤之元，萬物之所以資始資生，則易道之生成萬物固已。道者，天地之德洋溢於外者也，而天地之大德曰生（繫傳）。不惟生之而已，又復生生於無窮，故傳又曰：生生之謂易。能言天地之功化，莫備於易矣。今天地之生萬物，人但見其有奇偶飛行之殊，而莫知其所以生之者（道），曰：惟達道德者，能原本之矣者，卽言惟達道德者，能知之矣。此達道德者，卽聰明睿知之聖人也。觀中庸：「唯天下至誠，爲能經綸天下之大經，立天下之大本，知天地之化育……苟不固聰明聖知達天德者，其孰能知之」一段可知。

(2)、道爲萬有之主動力

莊子天運篇：「天其運乎，地其處乎，日月其爭於所乎。孰主張是？孰綱維是？孰居無事推而行（奚侗、當作而推行）是？意者，其有機緘而不得已邪？意者，其運轉而不能自止邪？雲者爲雨乎？雨者爲雲乎？孰隆施（王叔岷曰、湛然輔行記四十、引作降施）是？孰居無事淫樂而勸是？風起北方，一西一東。有（又同）上彷徨。孰噓吸是？孰居無事而披拂是……」。

按觀「其有機緘而不得已邪」句，似明言有主動之者。下句「其運轉而不能自止邪」，可爲機緘句之注腳。其能運轉而不能自止，蓋此主動力之激發而使之然。故又舉雲雨之降施，風之披拂以明似皆有爲之主動者。自推行、勸、披拂數語，皆承「無事」而言。則無事實爲有事。曰無事者，因其自然而已（自然之力爲之）。明默冥之中，必有所主張者，即皆道（宇宙生機）之所爲也。明道之有本體，而爲萬有生成之主動力也。

⑶、用之不盡

老子二十五章：「道之出口，淡乎其無味，視之不足見，聽之不足聞，用之不足既」。

老子謂道無味無形無聲，而用之不盡是也。按道爲天地之元氣（乾元），宇宙之生機。具有無盡量之潛能，發而爲宇內萬有之生命活力。使庶物萬彙，新故相續；富有日新，安有匱乏之虞耶。

⑷、爲吾人行事之準則

莊子漁父篇：「道者，萬物之所由也。庶物失之者死；得之者生。爲事、逆之則敗；順之則成。故道之所在，聖人尊之」。

莊子言夫道：「爲事，逆之則敗；順之則成」。蓋以道爲吾人行事之準則也。道在人，爲日用事物當然之理。人之所以爲人，即在循此當然之理而行，故上文曰：「道者，萬物之所由也」。道爲吾人行事之準則，固不遠人。人道以禮義爲大。孟子謂：「夫義，路也。禮，門也。惟君子能由是路，出入是門也（萬章）」。路也、門也、即日常行事之所據也。老子六十二章曰：「道者、萬物之奧、善人之寶……」。即善人之所資以爲用也。

四、陰陽

陰陽爲天地化育之二大主力。易言天道，天道不外一陰一陽而已。故繫傳曰：「一陰一陽之謂道」。莊子謂：「易以道陰陽（天下篇）」。可謂一語破的。彖傳於泰卦首揭陰陽之名曰：「內陽而外陰」。內外、謂內卦外卦也，泰☷☰乾下坤上。卦有二體，內卦在下，外卦在上，故云。易之基本爲卦爻。一奇一耦，以成八卦，重而爲六十四卦。奇陽耦陰，以其錯綜往來，曲盡天人之變化。故易言變化，無一不以陰陽爲之樞，其重要可知。本節所述，凡陰陽與道，陰陽本質，陰陽之性能、職司、交感等，其精蘊已發於易書。諸子言陰陽，不惟與易義合，且頗有揄揚之功。此諸子之言，大有裨於易道也。

1、陰陽與道

莊子田子方篇：「至陰肅肅，至陽赫赫。肅肅出乎天，赫赫發乎地（宣穎曰，陰陽互爲其根也）。兩者交通成和而物生焉。或爲之紀，而莫見其形……」。

按莊子右段、在明陰陽之交感，以道爲之紀。足見陰陽與道，二而一，一而二者也。上繫第五：「一陰一陽之謂道」。道不可見，即一陰一陽之變化，而天道之用以顯。所謂一而二，二而一者也。莊子：「兩者交通成和而物生焉」。謂陰陽之交感和合而後物生。而陰陽之交感，又以道爲之紀。故曰：「或爲之紀，而莫見其形」。天運篇：「天其運乎，地其處乎，日月其爭於所乎。孰主張是？孰綱維是」？按使天地運轉者，道也。孰綱維是？以道爲之綱維也。（綱維猶云總理之）彼言「綱維」，與此言「爲之紀」一義。皆謂道能主宰一切也。陰陽交感，以道爲之紀，則陰陽與道，固不可分也。

又今知莊子言交通，即爲交感者，泰彖傳：「泰小往大來（陰往陽來，陰小陽大，易之通例）吉亨，則是天地交（實即陰陽交。天地、陰陽、剛柔、乾坤，本一物事）而萬物通也」。象傳又曰：「天地交、泰」。莊子言交通，即本之易傳也。陰陽與道之相關若是。是

管子又以陰陽爲天地之大理

管子四時第四十：「管子曰：令有時……唯聖人知四時。不知四時，乃失國之基……是故陰陽者、天地之大理也（注、天地用陰陽爲生成）；四時者，陰陽之大經也……」。

按天地之大理，陰陽之大經二句，經理二字互文一義。天地有生德，陰陽代天地生成萬物，故曰：「陰陽者、天地之大理也」。言陰陽爲天地經理其事也。足見陰陽之重要，其與道（先天地而生者）之密契若是。

文子道原：「老子曰：有物混成，先天地生。惟象無形，窈窈冥冥……吾強爲之名，字之曰道。夫道者，高不可極，深不可測……幽而能明，柔而能剛。含陰吐陽而彰三光。山以之高，淵以之深，獸以之走，鳥以之飛……有萬不同而便乎生。和陰陽，節四時，調五行……與剛柔卷舒兮，與陰陽俛仰兮……」。

按右段曰：「含陰吐陽」。曰：「和陰陽」。曰：「與陰陽俛仰」。皆明陰陽與道之密契，若四支百骸，合爲一體。且道之顯用，唯在陰陽。若無陰陽，則道直窈冥無名而已矣。

2、陰陽本質

(1)、陰陽爲氣

莊子秋水：「秋水時至，百川灌河……河伯欣然自喜，以天下之美，爲盡在己……北海若曰：井鼃不可以

語於海者，拘於虛也……天下之水，莫大於海。萬川歸之，不知何時止，而不盈……而吾未嘗以此自多者，自以比形於天地，而受氣於陰陽。吾在於天地之間，猶小石小木之在大山也……」。

按河伯自謂「受氣於陰陽」，則陰陽之爲氣明矣。乾初九曰潛龍勿用。傳曰：潛龍勿用，陽氣潛藏。初九陽爻而居最下，故曰潛龍。九陽爻，而傳曰陽氣，明陽爲陽氣也。咸象傳曰：「咸，感也。柔上而剛下，二氣感應以相與……」。按柔陰剛陽。曰：「柔上而剛下」。又曰：「二氣感應以相與」。明陰陽二氣之相與也。坤初六曰：「履霜堅冰至」。象傳：「履霜堅冰，陰始凝也」。此陰，自係陰氣。然則陰陽之本質爲氣，易已明著之矣。

莊子不僅以陰陽爲氣，又謂陰陽爲氣之大者

則陽篇：「太公調曰：不然。今計物之數，不止於萬，而期曰萬物者，以數之多者號而讀之也。是故天地者，形之大者也。陰陽者，氣之大者也……」。

左氏則以陰陽爲天地六氣之二

左昭元年傳：「晉侯求醫於秦，秦伯使醫和視之曰：疾不可爲也。是謂近女室……天有六氣……淫生六疾。六氣曰陰陽風雨晦明也。分爲四時，序爲五節。過則爲菑。陰淫寒疾，陽淫熱疾……女陽物而晦時，淫則生內熱惑蠱之疾。今君不節不時，能無及此乎」！

按醫和以天時節氣論醫道，謂陰陽爲天地六氣之二。言其次，則曰：陰陽風雨晦明。仍以陰陽爲首。則陰陽固爲天地間氣之至大者也。

鶡冠子亦以陰陽爲氣

鶡冠子夜行第三：「陰陽、氣也」。

則諸子所見固同。

(2)、陰陽為神

禮記祭義：「宰我曰：吾聞鬼神之名，不知其所謂。子曰：氣也者，神之盛也；魄也者，鬼之盛也。合鬼與神，教之至也。衆生必死，死必歸土，此之謂鬼。骨肉斃於下，陰為野土。其氣發揚於上，為昭明。焄蒿悽愴，此百物之精也，神之著也。因物之精，制為之極，明命鬼神，以為黔首則。百衆以畏，萬民以服」。

按記於此段、主釋鬼神之義。鬼為魄，神為氣。魄在下，其氣上揚，則謂之神（鬼神一也）。神為氣，當卽陰陽之氣。何則，人死歸土為鬼，雖其骨肉朽腐，化為土壤，然其精氣發揚於上。方其盛也，則謂之神。此以人死後，則其精氣散還（記曰發揚於上）於天地之間。此精氣，乃陰陽之氣也。及此精氣之聚合，又復生人。人禀天地之氣以生者也。禮運曰：「故人者、其天地之德、陰陽之交、鬼神之會，五行之秀氣也」。故人生前所禀受之氣，亦為陰陽之氣。本段其氣發揚於上四句，正義曰：「言人生賦形體，與氣合共為生。其死、則形與氣分。其氣之精魂，發揚升於上為昭明……」。卽申此義。樂記曰：「天地訢合，陰陽相得，煦嫗覆育萬物……」。明能生物者為陰陽。人之生死，皆繫於陰陽之氣。故繫傳曰：「精氣為物，游魂為變，是故知鬼神之情狀」。正與記文相應。知本段所言鬼神之氣，卽陰陽之氣也。方其氣之盛也，則名之曰神，是陰陽為神也（陰陽之氣，別名曰神，或曰鬼神）又鬼神為人物精氣之匯合。此匯合之精氣（陰陽之氣），磅礴流行，固能化育萬物。故鬼神，實卽造化之功能。繫傳曰：「知變化之道者，其知神之所爲乎」。神者，陰陽之別名也。陰陽之力大矣哉。

按陰陽爲神，神卽氣。氣分陰陽，實卽氣之寒暖也。禮記月令：「仲春行秋令，則其國大水，寒氣總至，寇戎來征。行冬令，則陽氣不勝，麥乃不熟。民多相掠。行夏令，則國乃大旱，煖氣早來，蟲螟爲害」。

按記言氣有寒煖，夏秋各異。仲春陽氣宜發。若行秋令，則寒氣總至，則知秋時當有寒氣，至冬亦然。記曰行冬令（仲春時），則陽氣不勝，麥乃不熟。明春若無陽氣，則麥不能熟。陰氣主寒，故秋冬寒。陽氣主煖，故春夏煖。（記曰行夏令，則煖氣早來）足知陰氣寒而陽氣煖矣。然則氣之陰陽，實卽氣有寒煖之別耳。陰陽二字，非有甚深難解之理，卽此可以辨識其究爲何物耳。

(3)、陰陽之別

禮記禮運：「故天秉陽，垂日星；地秉陰，竅於山川……」。

按日星、天所垂之象也；山川、地所吐之形也。繫傳曰：「在天成象；在地成形，變化見矣」。是陽爲象而陰爲形。此陰陽之別也。又

郊特性：「玄冕齊戒。鬼神、陰陽也。將以爲社稷主，爲先祖後，而可以不致敬乎（集說：服玄冕而致齊戒，是事鬼神之道。鬼者、陰之靈，神者、陽之靈，故曰：鬼神、陰陽也）……魂氣歸於天，形魄歸於地。故祭求諸陰陽之義也……」。

按魂氣歸於天而爲神；形魄歸於地而爲鬼。氣、神之盛也；魄、鬼之盛也（二句、祭義、引見上）。

記曰：「鬼神、陰陽也」。陰鬼以形言：陽神以氣盛。是陰爲形，而陽爲氣也。此與前條之義相足，亦陰陽之別也。

3、陰陽性能

(1)、陰陽有動靜之德

莊子天道：「與人和者，謂之人樂。與天和者，謂之天樂……故曰：知天樂者，其生也天行；其死也物化。靜而與陰同德；動而與陽同波……」。

按莊子：「靜而與陰同德；動而與陽同波」二句，明言陰陽有動靜之德，卽陰靜而陽動也。下繫第六：「子曰：乾坤其易之門邪，乾、陽物也；坤、陰物也。陰陽合德而剛柔有體……」。剛柔卽動靜之義。此處已寓陰陽有動靜之德，而未分擧。然陰靜陽動，言其大齊耳。實則陰陽各有動靜之分。上繫第六：「夫乾，其靜也專，其動也直，是以大生焉；夫坤，其靜也翕，其動也闢，是以廣生焉」是也。而下繫第十二：「夫乾、天下之至健也……夫坤、天下之至順也……」。則謂乾陽動之德優；而坤陰則靜之德勝耳。

(2)、陰陽互含

文子微明：「德之中有道；道之中有德。其化不可極。陽中有陰；陰中有陽。萬物盡然，不可勝明……」。

按文子僞作，然其鈔襲他書者，要亦有據。諸引之者，聊備一說耳。

(3)、陰陽相變

大戴記本命第八十：「分於道謂之命，形於一謂之性。化於陰陽，象形而發謂之生……陰窮反陽；陽窮反陰。辰（注、辰當爲是，聲之譌也）故陰以陽化，陽以陰變……」。

按物極則反，易窮則變。故陰極生陽，陽極生陰，記所謂：「陰窮反陽；陽窮反陰」者也。原注：「窮、極也。陰極於上，則陽已復於下，剝之反爲復也。陽極於上，則陰已復於下。夬之反爲姤也」。按剝䷖坤下艮上，復䷗震下坤上，兩卦反對；夬䷪乾下兌上、姤䷫巽下乾上，亦兩相反對。注舉剝復，夬姤四卦，以證陰窮反陽；陽窮反陰，於卦爻變化之理正合極是。又按下繫第六曰：「乾、陽物也；坤、陰物也。陰陽合德而剛柔有體」。明陰陽之合德。其能變化者，當因其和合之後。故記曰：「陰以陽化；陽以陰變」。陰陽必因合德之故，而後有其變化生成之功也。

文子上德：「陽氣盛變爲陰；陰氣盛變爲陽」。

此蓋襲用大戴記之語。

(4)、陰陽迭爲消息

莊子田子方篇：「至陰肅肅，至陽赫赫。肅肅出乎天；赫赫發乎地。兩者交通成和而物生焉。或爲之紀，而莫見其形。消息滿虛，一晦一明，日改月化，日有所爲（武延緒曰，此四字，疑舊注誤入正文），而莫見其功……」。

按莊子右段，言陰陽之有消息也。「消息滿虛，一晦一明」。直承上陰陽之交通成和而來。陰陽交通成和而物生。下卽言陰陽之變化。消息盈虛，正陰陽變化之主因。「消息滿虛，一晦一明」兩句中，主惟「消息」二字，滿虛、晦明，皆消息之複詞，其義一致。因陰陽之消息變化，而成歲功，故曰：「日改月化，而莫見其功」。

又按天道有消息（卽陰陽之消息），已見上天道一節中，玆略。

陰陽之有消息，管子亦隱言之

管子乘馬第五陰陽：「春秋冬夏，陰陽之推移也；時之短長，陰陽之利用也；日夜之易，陰陽之化也。然則陰陽正矣。雖不正、有餘、不可損也；不足、不可益也，天地莫之能損益也……」。

右言四時日夜、皆陰陽之所爲。曰：「陰陽正矣」。按正言其常，不正、言其變。曰有餘、曰不足、卽陰陽之變，所謂消息也。有餘、謂息。不足、謂消。曰「天地莫之能損益」者，謂陰陽之有消息，自然之數，天之道也。此隱言陰陽之有消息也。

按陰陽有消息，此消則彼息，彼息則此消，故迭爲消息也。此理於夏冬二至，可以徵之。

禮記月令：「是月（仲夏）也，日長至，陰陽爭，死生分，君子齊戒，處必掩身，毋躁……」。又「是月（仲冬）也，日短至，陰陽爭，諸生蕩。君子齊戒，處必掩身，身欲寧……」。

按四時日夜，皆陰陽之所爲（管子語，引見前）。卽陰陽之消息代勝，而四時日夜由之以分。仲夏、日之長至極，陽氣方盛，陰欲起而代之，遂與陽相爭，故曰陰陽爭。鄭注：「爭者，陽方盛，陰欲起也。分猶半也」。極是。死生分者，正義：「陰陽既起，故物半死半生」。至仲冬、日短之至，陰氣亦盛極。陽欲起而代陰，陰陽又復相爭。是相爭、爲陰陽消息代勝之佳徵也。又按陰陽消息，間不容髮。於以見方陽盛極，而陰故未絕滅，惟乘機而起耳、足知大戴陽窮反陰；陰窮反陽（見前）之說，其理至碻，而諸子易說，與易義實足以相爲發明也。

又按莊子大宗師：「陰陽之氣有沴」。奚侗曰：「漢書五行志：氣相傷謂之沴」。氣之相傷，起於相爭、知陰陽之氣，有時相傷，與月令之義相足。

4、陰陽職司

⑴、陰陽司生化、運四時

①司生化

陰陽爲氣，氣能生物

禮記樂記：「土敝、則草木不長；水煩、則魚鼈不大；氣衰，則生物不遂……」。

由右知生物之成長，有賴於氣，則氣能生物明矣。

陰陽之司生化，荀子已明言之

荀子天論：「列星隨旋，日月遞炤，四時代御，陰陽大化，風雨博施。萬物各得其和以生，各得其養以成。不見其事而見其功，夫是之謂神……」。

荀子曰：「陰陽大化」，繼曰：「萬物各得其和以生。是萬物得陰陽之和而生。卽陰陽司生化之證也。本篇後段又曰

「陰陽大化」、「陰陽之化」。

足知陰陽專司生化，其功用亦因生化而大章明顯著也。

呂氏春秋仲夏紀：「四時代興，或暑或寒，或短或長，或柔或剛，萬物所出，造於太一，化於陰陽……」。

右言萬物所由出。始於太一、化於陰陽。先太一（道）而後陰陽，主從之次也。莊子謂陰陽可以遂羣生

莊子在宥：「黃帝立爲天子十九年，令行天下。聞廣成子在於空同之上，故往見之，曰：我聞吾子達於至道、敢問至道之精。吾欲取天下之精，以佐五穀，以養民人。吾又欲官陰陽，以遂羣生，爲之奈何」？

按陰陽足以遂羣生，卽陰陽司化育之一證。列子於此言之尤悉、謂陰陽主生化，而往復不已，所以有生生之德

列子天瑞第一：「子列子居鄭圃（注、圃、音布、鄭有圃田）……國不足、將嫁於衞（自家而出謂之嫁。按嫁猶往也）。弟子曰：先生往無反期。弟子敢有所謁，先生將何以敎？先生不聞壺立子林之言乎（壺立子林，列子之師）……其言曰：有生不生（生物而不自生者也），有化不化。不生者、能生生（不生者、固生物之宗）；不化者能化化。生者不能不生；化者不能不化。故常生常化。常生常化者，無時不生，無時不化（生化相因、存亡往復，理無間也）。陰陽爾，四時爾，不生者疑獨，不化者往復，其際不可終：…」。

按列子言陰陽主司生化，而往復不已，使萬有不得不生化、以至於無際、此天地生生之德也。下文又曰：「昔者聖人、因陰陽以統天地」。正明陰陽可以統馭天地生物之事。乾彖傳所謂：「大哉乾元、萬物資始，乃統天」。以乾元統天者，乾元、爲天地之元氣，正陰陽鼓盪之名也。按下繫第五：「天地絪縕，萬物化醕；男女構精，萬物化生」。絪縕者、元氣密接之意，正陰陽之所爲，則陰陽之司生化、易已隱寓之矣。

②、運四時

管子乘馬第五、陰陽：「春秋冬夏，陰陽之推移也；時之短長，陰陽之利用也……」。

按管子以陰陽主四時之代序，則陰陽之運四時明矣。下繫第五：「寒往則暑來；暑往則寒來。寒暑相推而歲成焉。往者、屈也；來者，信也。屈信相感而利生焉」。寒暑相推而一歲成，正言四時之代序也。傳以往爲屈，以來爲信（今作申）。則屈申，蓋卽陰陽之消息也。往者爲消，故曰屈。來者爲息，故曰信。屈信相感者，陰陽之欲代相爭，其間不容一髮，其感應之速若此。

又春夏爲陽，秋冬爲陰。陽自春而復，至夏而極（夏至）；陰自秋而復，至冬而盛極（冬至）。然而夏至雖酷暑，而一陰以生；冬至雖嚴寒，而一陽已動。所謂推移也。足見陰陽，卽四時寒煖之氣，人之至易感接者也，何異之有。

陰陽主運四時，復配四時之氣

四時第四十：「南方曰日（注，南方太陽，故爲日也），其時曰夏，其氣曰陽。陽生火與氣（陽爲鬱熱歊蒸，故爲火氣）……西方曰辰（辰、星日交會也。秋陰陽適中，故爲辰），其時曰秋，其氣曰陰，陰生金與甲（陰氣凝結堅實，故生金爲爪甲也）……」。

管子于春則曰：「其氣曰風」。當爲和風，陽氣所生。于冬則曰：「其氣曰寒」。寒自陰氣。管子明以夏爲陽氣，秋爲陰氣，則陰陽復配四時之氣也。同篇又曰

「是故陰陽者，天地之大理也；四時者，陰陽之大經也」。

管子謂四時爲陰陽之大經。實則四時卽陰陽之表德耳。故自內觀之，陰陽主四時之推移；自外以觀，四時正陰陽之經緯，而接知於吾人之心智者也。

列子謂陰陽可以辨寒暑，寒暑見於四時之節候，亦陰陽主運四時之一證

列子周穆王篇：「西極之南隅有國焉，不知境界之所接，名古莽之國。陰陽之氣所不交，故寒暑亡辨……」。

列子云：「陰陽之氣所不交，故寒暑亡辨」。然則陰陽之氣若交，則寒暑有辨矣。是陰陽可以辨寒暑之節候。寒暑於四時節候中，至易辨認。此亦陰陽主運四時之一證。

(2)、陰陽分司

①、陽主生物

莊子寓言：「顏成子游謂東郭子綦曰：自吾聞子之言，一年而野（疏、野、質樸也），二年而從（疏，從俗）……八年而不知死，不知生，九年而大妙。生有爲，死也勸（馬其昶曰、此與天運篇勸字，皆當作虧。彼與施爲韵，此與爲爲韵）。公以其死也、有自也。而生、陽也。無自也。而果然乎。惡乎其所適，惡乎其所不適（馬其昶曰、呂覽注、公、共也。言衆人之情，共以生本陽氣，無所自來。而死則實自於生，故見爲虧而悲耳。抑知生惡乎適？死惡乎不適）……」。

莊子謂人之生，陽也。則陽主生物明矣。陽指陽氣。馬其昶云生本陽氣是也。

又按陽之所以能生者，以陽氣（陽卽陽氣，說見上）卽生氣也。

禮記月令：「是月（季春）也、生氣方盛，陽氣發泄。句者畢出，萌者盡達，不可以內（鄭注、時可宣出，不可收斂也。句、屈生者。萌、直而萌）……」。

按記：「生氣方盛，陽氣發泄」二句連文，則陽氣卽生氣也。以陽氣向外傾泄，故生氣滋盛。下文句者畢出，萌者盡達，正生氣之所致也。

又按陽爲仁道，富有生意。

莊子齊物論：「大知閑閑，小知閒閒。大言炎炎，小言詹詹。其寐也魂交，其覺也形開。與接爲構，日以心鬭。縵者、窖者、（簡文曰、縵、寬心也。窖、深心也）密者，小恐惴惴，大恐縵縵。其發若機括，其司是非之謂也。其留如詛盟，其守勝之謂也。其殺如秋冬，以言其日消也（林雲銘曰、神明日勞而消喪）。其溺之所爲之不可使復之也（王伯申說之猶於，此溺之，當訓溺於，吳汝綸云）。其厭也如緘，以言其老洫也（成疏、厭沒於欲，有類緘繩。錢穆云，洫枯竭義）。近死之心，莫使復陽也（陸德明曰、陽、謂生也。宣穎曰、無復生意）……」。

按莊子齊物論，旨在令人忘人我，是非，以自適其適也。本段則謂恆人過用心智，巧辯有餘而樸質不足。日溺於其所爲，以斲喪其神明，使其心神昏沈枯竭而日趨消喪。故謂「近死之心，莫使復陽也」。言此心已近於死，無復生意。由此知陽之有生意也。陽之有生意者，以陽爲仁道也。復六二曰：「休復之吉，以下仁也」。六二下比初九、曰下仁。初九剛陽曰仁、則陽爲仁道也至明。陽、仁，俱富生意。上繫第六：「夫乾，其靜也專，其動也直，是以大生焉」。乾陽物也（繫傳）故能大生。一陽復始，而草木句萌，欣欣向榮。仁者有惻隱之心、有不忍人之心。以不忍人之心，行不忍人之政、皆生意之發露也。陽之富有生意固已。

②、陰主成物

禮記月令：「孟秋行冬令，則陰氣大勝……行春令、則其國乃旱。陽氣復還，五穀無實（鄭注、陽氣能生而不能成）……」。

按春爲陽氣。陽氣主生，而記曰：「五穀無實」者，以陽氣能生而不能成也（鄭注）。則知陰乃能成物矣。秋爲陰氣，物多成熟於此時。說卦傳：「兌，正秋也，萬物之所說也」。正義：「正秋而萬物說成」是也。

鄉飲酒義：「天地嚴凝之氣，始於西南而盛於西北。此天地之尊嚴氣也，此天地之義氣也。天地溫厚之氣，始於東北而盛於東南。此天地之盛德氣也，此天地之仁氣也……」。

按天地之仁氣（溫厚之氣），當卽陽氣。天地嚴凝之氣，自爲陰氣。嚴凝者，肅殺之意。呂氏春秋，孟秋紀曰：「天地始肅，不可以贏」。注：「肅殺素氣始行」。則肅殺嚴凝之氣、秋時至也、秋爲陰、亦見陽主生物，陰主成物之義也。

5、陰陽交感

(1)、交感

禮記禮運：「故人者，天地之心也，五行之端也，食味別聲被色而生者也。故聖人作則，必以天地爲本，以陰陽爲端……以天地爲本，故物可擧也。以陰陽爲端，故情可睹也……」。

按陰陽交感，本自然之現象。咸彖傳曰：「咸，感也。柔上而剛下，二氣感應以相與。止而說，男下女。是以亨利貞取女吉也。天地感而萬物化生，聖人感人心而天下和平。觀其所感而天地萬物之情可見矣」。陰柔陽剛，柔上而剛下，卽陰陽之交感也。卦象如此（咸䷞艮下兌上與恆䷟巽下震上相反對），故傳緊承之曰：「二氣感應以相與」。卽爲柔上而剛下句之注脚。見卦畫之取象於天地也。

本段記文、有陰陽交感其情可見之意。記文「以陰陽爲端，其情可睹也」。其情之情字，卽陰陽交感之情。與彖傳所謂：「而天地萬物之情可見矣」之情字一義。人爲天地之心，天地陰陽有交感之象，人情（物情同）亦有兩性之感。本篇記文曰：「飮食男女，人之大欲存焉」是也。

二氣交感，爲自然之現象。故二氣不交，則天地不通。月令：「是月（孟冬）也，天子始裘。命有司曰：天氣上騰，地氣下降。天地不通，閉塞而成冬……」。

按天氣地氣，卽陰陽二氣也，天氣上騰，地氣下降，則二氣不相交（天地交泰，泰䷊乾下坤上，是天氣下降，地氣上躋，故相交），故天地不通也。

卽人而言，其交感之情特著，以人含陰陽也。

莊子在宥：「人大喜邪，毗於陽，大怒邪，毗於陰（俞樾曰、毗讀毗劉之毗、言傷陰陽之和也。淮南原道：人大怒破陰，大喜破陽）。陰陽並毗，四時不至，寒暑之和不成，其反傷人之形乎」。

人大喜、傷於陽，大怒、傷於陰。喜陽怒陰。則人之含陰陽明矣。

禮記樂記：「是故先王本之情性，稽之度數，制之禮儀。合生氣之和，道五常之行。使之陽而不散，陰而不密。剛氣不怒，柔氣不懾。四暢交於中，而發作於外……」。

本段上言陰陽，下言剛柔，實則一物。先王作樂，本之情性，以上合天地生氣之和。則人含陰陽之情亦可知也。

墨子綜人物合而言之，以陰陽之交感，爲天壤之眞情

墨子辭過第六：「君實欲天下之治，而惡其亂。當爲舟車，不可不節。凡回於天地之間（注、回字譌，蘇云、當作同、亦未確），包於四海之內、天壤之情、陰陽之和，莫不有也，雖至聖不能更也。何以知其然

？聖人有傳、天地也、則曰上下；四時也、則曰陰陽；人情也、則曰男女；禽獸也，則曰牝牡雌雄也。眞天壤之情。雖有先王，不能更也」。

按墨子謂陰陽之和，無乎不存，無物不具。故曰「四海之內，天壤之情，陰陽之和，莫不有也」。所微異者、於天地、則曰上下；於四時、則曰陰陽；於人情、則曰男女；於禽獸、則曰牝牡雌雄。然則上下、陰陽、男女、牝牡雌雄，其實一也。故要之曰：「眞天壤之情」。言陰陽交感、爲自然之通象。此語何等明快。

(2)、物交而後和

禮記禮器：「天道至教，聖人至德。廟堂之上，罍尊在阼，犧尊在西。廟堂之下，縣鼓在西，應鼓在東。君在阼，夫人在房。大明生於東，月生於西，此陰陽之分，夫婦之位也。君西酌犧象，夫人東酌罍尊。禮交動乎上，樂交應乎下，和之至也」。

記文本段、主言物交而後和之理。此所謂交、非僅禮與禮交（君在阼、夫人在房是也），樂與樂交（罍尊與犧尊……是），禮又與樂交。君在阼，夫人在房，以象日月之交。夫婦之倡和，此陰陽之交合。故曰：「此陰陽之分，夫婦之位也」。然則記所謂交、綜一般物情、人事而言。物交而後和者、蓋單一則同、同而不和；交則相親，情洽乃和，固理之至簡者也。

觀天地之氣，亦交而後和

呂氏春秋孟春紀：「是月也、天氣下降，地氣上騰。天地和同，草木繁動」。

呂覽曰：「天氣下降，地氣上騰」。卽天地之氣相交也。與泰卦、天地交、泰（說見前）之理正同。

紀又曰：「天地和同」。是天地之氣已交而後和也。

又按天地之氣，交而後和、易已寓其義、姤彖傳：「姤、遇也，柔遇剛也……天地相遇，品物咸章也」。姤䷫巽下乾上、一陰始生於下、與陽相遇、遇卽交合之義。故傳曰：「天地相遇，品物咸章也」。使天地之氣不相遇接，品物何由以章？歸妹彖傳：「天地不交而萬物不興」，正與此義相足。以見天地之氣，亦交而後和，推而言之、物理人情、靡有不同矣。

(3)、和合而生物

①、和之義訓

文子上仁：「老子曰：天地之氣，莫大於和，和者、陰陽調，日夜分。故萬物春分而生，秋分而成。生與成、必得和之精。故積陰不生，積陽不化。陰陽交接，乃能成和……」。

按和者、陰陽調、卽兩情融洽也。故又曰：「陰陽交接，乃能成和」也。文子書雖不足信，然說此理則是。

②、陰陽有和德

荀子天論：「列星隨旋，日月遞炤，四時代御，陰陽大化，風雨博施，萬物各得其和以生，各得其養以成……」。

按上文言陰陽大化，卽曰：「萬物各得其和以生」。此和當卽陰陽之和無疑，是陰陽有和德也。下文又曰「所志於陰陽者，已其見知（王念孫曰知當爲和，字之誤是也）之可以治者矣」。

按聖人法陰陽之和以爲治。書周官所謂燮理陰陽是也。

③、生氣含和

禮記樂記：「是故先王本之情性，稽之度數，制之禮義，合生氣之和」。

先王取法天地陰陽以作樂。曰合生氣之和者，生氣爲天地陰陽之氣，本含和德，鄭注：「生氣、陰陽氣也」。極是。然則陰陽之所以含和者，以其爲生氣故耳。

④、和實生物

國語鄭語：「公（鄭桓公）曰：周其獘乎（注、獘、敗也）？對曰（史伯對）：殆於必獘者也。泰誓曰，民之所欲，天必從之。今王棄高明昭顯，而好讒慝暗昧，惡角犀豐盈，而近頑童窮固。去和而取同（和、謂可否相繼。同、謂同欲。君子和而不同），夫和實生物，同則不繼（陰陽和而萬物生。同、同氣）。以他平他謂之和（謂陰陽相生，異味相和）……故先王以土與金木水火，雜以成百物……於是乎先王聘后於異姓（同則不繼）……務和同也……」。

按史伯論和同之利弊，而謂：「和實生物，同則不繼」。此和、實指陰陽之和。陰陽異性，易相親和。下文曰：「先王聘后於異姓」。是其明證。所貴於陰陽之和者，和實生物也。

⑤、和合生物

天地合而物生

禮記哀公問：「孔子曰：天地不合，而萬物不生」。

大戴記哀公問於孔子：「孔子曰：天地不合，萬物不生」。

記言天地不合，而萬物不生。然則天地合而物生明矣。

記又言天地合而萬物興

禮記郊特牲：「天地合而後萬物興焉」。

興者、生之盛，所謂繁殖是也。

天地陰陽乾坤本一物事。繫傳：「乾、陽物也；坤、陰物也」。而乾爲天，坤爲地。故諸子或言天地，或言陰陽，其義一也。

天地合者，天地之氣相交合也

禮記月令：「是月（孟春）也，天氣下降，地氣上騰。天地和同，草木萌動……」。

按二氣相交則和洽，故曰：「天地和同」。天地和同，則草木萌動。是和合生物也。

呂氏春秋有始覽第一：「一曰天地有始。天微以成，地塞以形（注、始、初也。天陽也，虛而能施，故微以生萬物。地陰也，實而能受，故塞以成形兆也）。天地合和，生之大經也……」。

呂氏謂天地合和（注以陰陽釋天地），生之大經也。天地必合和，始能大生、廣生也。

禮記樂記：「天地訢合，陰陽相得。煦嫗覆育萬物，然後草木茂，區萌達……胎生者不殰，而卵生者不殈……」。

按天地訢（欣同）合、陰陽相得二句，其義相因。陰陽相交而親和乃相得。此天地欣和之情、溫厚寬仁之氣、洋溢兩間之所致。故能化生萬品，體物而不遺，則和合生物之義畢見矣。

6、陰陽之應用

(1)、物有陰陽之分

禮記祭統：「夫祭也者、必夫婦親之，所以備外內之官也。官備則具備。水草之菹，陸產之醢，小物備矣。三牲之俎，八簋之實，美物備矣。昆蟲之異，草木之實，陰陽之物備矣……」。

記謂：「昆蟲之異，草木之實，陰陽之物備矣」。明昆蟲草木，皆有陰陽之分也。足見當時於陰陽二字，應用之廣泛。後所引述，聊以窺見諸子如何以陰陽分別庶物，亦學易之餘事也。

(2)、日月分陰陽

禮記禮器：「君在阼，夫人在房。大明生於東，月生於西。此陰陽之分，夫婦之位也」。

大明、日也。日出於東、月升於西。此陰陽之分。明日爲陽而月爲陰也。按上繫第六：「廣大配天地，變通配四時，陰陽之義配日月」。此易傳以陰陽配物也。配卽譬況之義。

(3)、冬夏分陰陽

左昭四年傳：「大雨雹，季武子問於申豐曰：雹可禦乎……天冰以風壯，而以風出。其藏之也周，其用之也徧。則冬無愆陽（注、愆、過也，謂冬溫），夏無伏陰（伏陰、謂夏寒），春無淒風，秋無苦雨」。

按冬宜陰。冬無溫，故無陽。則冬爲陰也。夏宜陽，故無伏陰。則夏爲陽也。

(4)、南北分陰陽

禮記郊特牲：「社祭土而主陰氣也。君南鄉於北墉下，答陰之義也……是故喪國之社屋之，不受天陽也。薄社（集說、薄、書作亳、薄社於周爲喪國之社）北牖，使陰明（牖於北、則陰氣可通，陰明則物死也）也……」。

君於北墉（牆）下、爲答陰、又爲牖（窗孔）於北、以通陰氣。則北爲陰矣。又本篇上文曰：「君之南鄉、答陽之義也」。則南爲陽矣。

又按說卦傳：「離也者、明也，萬物皆相見，南方之卦也。聖人南面而聽天下，嚮明而治，蓋取諸此也」。離爲南方之卦，有陽明之象，又離爲日，日亦陽，則南爲陽，易傳已寓此義，人君南面之故，亦於此可見。

(5)、燥濕分陰陽

吳子應變：「用車者、陰濕則停，陽燥則起」。

(6)、飮食奇偶樂禮分陰陽

禮記郊特牲：「饗禘有樂而食嘗無樂，陰陽之義也。凡飮、養陽氣也，凡食、養陰氣也……飮養陽氣也，故有樂，食養陰氣也，故無聲。凡聲、陽也。鼎俎奇而籩豆偶，陰陽之義也……樂由陽來者也，禮由陰作者也，陰陽和而萬物得……」。

由記知飮陽、食陰。奇陽、偶陰。樂陽、禮陰。按大氐具形體者爲陰。食、禮是也。又陽爲象而陰爲形，說見前節。而記文總之曰：「陰陽和而萬物得」。當時凡有舉行造作，必取象於天地陰陽，以法天則之義。

(7)、魂魄有陰陽之分

左昭七年傳：「及子產適晉，趙景子問焉，曰：伯有猶能爲鬼乎?子產曰：能。人生始化曰魄（注、魄、形也）。旣生魄，陽曰魂（陽、神氣也）。用物精多，則魂魄強（物、權勢）。是以有精爽，至於神明。匹夫匹婦強死，其魂魄猶能馮依於人，以爲淫厲。況良霄，我先君穆公之冑，子良之孫……其用物也弘矣，其取精也多矣，其族又大，所馮厚矣，而強死，能爲鬼不亦宜乎」。

按伯有爲鬼以驚鄭人。子產謂其能爲鬼。因及魂魄之事。而謂：「陽曰魂」。則陰曰魄明矣，以魄之爲形也。

(8)、人事之分陰陽

鬼谷子捭闔篇：「故言長生、安樂、富貴、尊榮、顯名、愛好、財利、得意、喜欲爲陽曰始；故言死（本有亡字）、憂患、貧賤、苦辱、棄損、亡利、失意、有害、刑戮、誅罰爲陰曰終。諸言法陽之類者，皆曰始。言善以始其事。諸言法陰之類者，皆曰終。言惡以終其謀。捭闔之道，以陰陽試之。故與陽言者依崇高，與陰言者依卑小。以下求小，以高求大。由此言之，無所不出，無所不入，無所不可。可以說人，可以說家，可以說國，可以說天下。爲小無內，爲大無外。益損去就倍反，皆以陰陽御其事。陽動而行，陰止而藏。陽動而出，陰隨而入。陽還終始，陰極反陽。以陽動者，德相生也。以陰靜，形相成也。以陽求陰，苞以德也。以陰結陽，施以力也。陰陽相求，由捭闔也。此天地陰陽之道，而說人之法也」。

按鬼谷此段，論捭闔之方，說人之法。分人事之變化爲陰陽二大類。陽曰：長生、安樂、富貴、尊榮、顯名、愛好、財利、得意、喜欲。陰曰：死亡、憂患、貧賤、苦辱、棄損、亡利、垂意、有害、刑戮、誅罰。至人之動靜行藏出入，亦以陰陽別之。如陽動陰止、陽行陰藏、陽出陰入是。因陰陽相生相應之理，以爲立說之資藉。要在取法天地陰陽之道，以施之於人事而已。如鬼谷所陳，則任一事物，皆可納入陰陽體系之中。言陰陽所包擧者至廣，所涉及者尤多。此應用陰陽之理，已入乎其微，造乎其極，可謂至矣。

7、附五行說

(1)、五行有官

左昭二十九年傳：「秋、龍見於絳郊、魏獻子問於蔡墨（晉太史）曰：吾聞之，蟲莫知（音智）於龍。以其不生得也，謂之知、信乎？對曰：人實不知，非龍實知（同上）。古者畜龍，故國有豢龍氏……獻子曰：何故今無之？對曰：夫物物有其方……若泯弃之，物乃坻伏，鬱湮不育。故有五行之官。木正曰句芒，火正曰祝融，金正曰蓐收，水正曰玄冥，土正曰后土。龍、水物也。水官弃失，故龍不生得……」。

按五行之說，易無明文。惟八卦已寓五行之象，說卦傳：坎爲水、離爲火、巽爲木。已見五行之目。而坤爲地、地亦土也，艮爲山，山亦土也。兌爲澤，澤亦水也（澤鍾金而含水）。惟乾爲金，而在爲玉之下，似尊重之義，然五行之象已略具，漢儒遂以五行說易矣。今傳舉五行之官，知中國自古已重視五行矣。

(2)、五行爲民生日用

禮記禮運：「昔者先王未有宮室。冬則居營窟，夏則居增巢。未有火化，食草木之實，鳥獸之肉。飲其血，茹其毛……後聖有作，然後修火之利，范金合土，以爲臺榭宮室牖戶。以炮以燔，以亨以炙，以爲醴酪……故天秉陽，垂日星。地秉陰，竅於山川，播五行於四時……故人者，天地之心，五行之端也……用水火木金土，飲食必時……」。

記言古昔穴居巢處，民無火食。後聖修火之利，范金合土，以爲宮室牖戶，始興火食。是先民初用火金土，以爲生活。復進而用金木水火土，則五行全爲人類日常之需矣。又曰天地播五行於四時。又曰人爲五行之端。則五行蓋來自天地，又佐天地以生人矣。

(3)、五行爲可用之材

左襄二十七年傳：「天生五材（注、金木水火土也），民竝用之，廢一不可……」。

國語鄭語：「故先王以土與金木水火雜，以成百物……」。

傳言天生五材，民竝用之。又曰：先王以土與金木水火雜，以成百物，知五行實卽可用之材也。

(4)、五行之用，所以生殖

國語魯語上，展禽曰：「及地之五行，所以生殖也……」。

五、對待

對待，爲易之精蘊。六十四卦，惟乾、坤、頤、大過、坎、離、中孚、小過等八卦，不相反對，餘五十六卦，皆兩相對待。彖傳卽以此說明卦爻往來上下之理。隨彖傳曰：「隨，剛來而下柔」。按隨與蠱對待。蠱䷑巽下艮上。剛來者、隨（䷐震下兌上）下體震之初九，自蠱上體艮之上爻而來也。凡卦畫如內曰來。下柔者，初九在二陰（柔）之下也。按剛來下柔，自兩卦之對待觀，其理至明。不必費辭。先儒不識此理，每以卦變說彖傳中：「往來上下」之義。愈解愈煩，而其義益晦，不知易卦兩相對待，已著天道對待之理，卦象逐處可見也。又蠱彖傳曰：「蠱、剛上而柔下」。蠱與隨反對。蠱上體艮之上爻，由隨下體震之初九爻（剛）而來。本爲初爻，今反（反翻一字）而爲上爻，故曰剛上；蠱下體巽之初六爻，由隨上體兌之上六爻而來，由上爻（柔）降而居下，故曰柔下，將原卦倒轉，其象自見，不必詞費，而其義固明矣。復彖傳曰：「剛反」。按剝☶☷坤下艮上，與復☷☳震下坤上，正相反對。剝上九一陽，碩果僅存，反而爲復，則一陽（剛）在下，故曰剛反（一陽復始，又浸長矣）。反對卦之如剝復，倒之顚之，其卦象至明而易見，皆屬兩卦對待之事（例多，不更擧）。易言陰陽，一陰一陽，本相對待。而繫傳曰：「一陰一陽之謂道」。是易已蘊對待之原理也。道雖不易指名，然陰陽二氣之流行，則體物而不可遺。故有易道，卽有對待，陰陽消息，例之尤顯者也。人事對待之例，尤爲繁賾。君臣、父子、夫婦、昆弟之屬、大小、長短之差、善惡、夭壽之殊，觸目皆是，思則得之，睽彖傳特發此義曰：「睽、火動而上，澤動而下。二女同居，其志不同行……天地睽而其事同也，男女睽而其志通也，萬物睽而其事類也，睽之時用大矣哉」。按睽卦象☲☱兌下離上，已顯寓對待之理。火動而上，澤動而下，其事固相乖迕。說文：「睽，目不相聽也，以目、癸聲」。目不相聽，是各自爲視，卽爲乖違。火曰炎上，水曰潤下（澤爲水，澤鍾金而含水），背道而馳，顯相對待，在自然界、天尊地卑、高下縣絕、此對待也，於人事、男女、對待之名也。然相待者、每相反相成、故天地雖睽，而其生物之事同；男女雖睽，而其相求之志則通，對待之理，相反相成，爲用至大，故傳曰：「睽之時用大矣哉」。是對待之義，已寓於易明矣。

1、對待爲自然之律則

莊子秋水：「昔者堯舜讓而帝，之噲讓而絕。湯武爭而王，白公爭而滅。由此觀之，爭讓之禮，堯桀之行，貴賤有時，未可以爲常也。梁麗可以衝城，而不可以窒穴，言殊器也。騏驥驊騮，一日而馳千里，捕鼠不如狸牲，言殊技也。鴟鵂夜撮蚤，察豪末，晝出，瞋目而不見丘山，言殊性也。故曰蓋師是而無非、師治而無亂乎！是未明天地之理，萬物之情者也。是猶師天而無地，師陰而無陽，其不可行，明矣」。

莊子右段在明對待爲天地之理，萬物之情。是對待、爲自然之律則也。前舉史事，如堯舜、之噲之讓，湯武。白公之爭。一帝一絕；一王一滅。其卒也皆相反。爭之與讓，堯桀之行，亦屬對待。而殊器、殊技、殊性之物、則利於此者，而不利於彼。故物無兩大、併美、俱利、皆勝之理。則對待之相爲消息（利於此則不利於彼）也。此皆對待之事例。又舉人事之是非、治亂；天道之天地、陰陽。知有是則有非，有天則有地。尤爲對待之顯例也。

2、相反相成

老子第二章：「天下皆知美之爲美，斯惡已（本作矣）；皆知善之爲善、斯不善已。故有無相生；難易相成；長短相形；高下相傾；音聲相和；前後相隨。是以聖人處無爲之事，行不言之敎，萬物作焉而不辭。生而不有，爲而不恃，功成而不居。夫惟不居，是以不去」。

按有無、難易、長短、高下、音聲（聲成文，謂之音、樂記）、前後、皆對待之名。曰：「有無相生，難易相成」。則對待有相生相成之理，相生猶相成（二者相因）也。曰：「高下相傾」，是相反也。按易、天道惡涇，人道好謙（謙彖傳）物禁太盛也，老子深知此理，故主功成不居，居功必敗其功（弗居，是以不去）。僞古文尙書：「汝惟不矜，天下莫與汝爭能；汝惟不伐，天下莫與汝爭功（大禹謨）」，又「有其善，喪厥善；矜其能，喪厥功（說命中）」。皆與老子此段之義相足。

呂覽言相反相成之理

呂氏春秋似順論處方：「五曰凡爲治，必先定分，君臣父子夫婦。君臣父子夫婦六者當位，則下不踰節，而上不苟爲矣。少不悍辟，而長不簡慢矣。金木異任；水火殊事；陰陽不同，其爲民利，一也。故異所以安同也；同所以危異也（注、言同異更相成）。同異之分；貴賤之別；長少之義，此先王之所愼，而治亂之紀也……」。

按右段、君臣、父子、夫婦、水火、陰陽、皆對待之物事。凡對待有相反相成之理。故曰：「異所以安同也；同所以危異也」。同所以危異，是相反。異所以安同，是相成。故注於二句下曰：「言同異更相成」。實則一反一成，相反、適所以爲成也。

又按對待之事物。形若相反，實則相濟相成。其理至爲簡易。卽以得失論，得必有失；失未必不爲得（得失相因，如禍福之相倚）。此得則彼失；此失則彼得。得不必喜，喜則驕佚怠惰生，雖得而必失，故忘得而後有其得。失不必憂，憂則志傷意沮而事功隳焉、失則再接再厲，反能促其成功。此先民立易之意也、繫下第六：「子曰：乾坤其易之門邪。乾、陽物也；坤、陰物也。陰陽合德而剛柔有體，以體天地之撰，以通神明之德……因貳以濟民行，以明失得之報」。處方篇內：「金木異任、水火殊事，陰陽不同，其爲民利一也」。正與易傳因貳兩句之義同、水火諸物，其爲民利一也。卽傳所謂以濟民行也（濟、成也、益也、爾雅釋言）。貳者、對待之物事。失得之報者，失得反復爲用，卽相反相成之義。

孫子言其相生

孫子卷五執篇：「亂生於治；怯生於勇；弱生於強」。

亂治、怯勇、弱強、皆對待之名。此言對待之相生。

莊子言其相須

莊子秋水：「知東西之相反，而不可以相無，則功分定矣」。

東西方向相反、而東西之名，相待而生、無東則無西，是二者相反，而復相須也。

禮記復暢言相須而和合之理

禮記昏義：「古者天子后立六宮……以聽天下之內治……故天下內和而家理。天子立六官……以聽天下之外治……故外和而國治、故曰天子聽男教，后聽女順。天子理陽道，后治陰德……外內和順，國家理治，此之謂盛德。是故男教不脩，陽事不得，適見於天，日為之食。婦順不脩，陰事不得，適見於天，月為之食。是故日食、則天子素服而脩六官之職，蕩天下之陽事。月食，則后素服、而脩六宮之職，蕩天下之陰事。故天子之與后，猶日之與月，陰之與陽，相須而后成者也」。

記言：天下內和而家理；外和而國治。基於天子與后各脩其職、是其和合之實。並以此為盛德之事。而要之曰：「天子之與后，猶日之與月，陰之與陽，相須而後成者也」。按日月、陰陽、君后，皆對待之名事。知對待者，必相須而後有成。皆足以明相反相成之理也。

3、陰陽消息為對待之顯例

莊子則陽：「太公調曰：陰陽相照，相蓋（俞樾曰蓋讀為害是也）相治、雌雄片（音判）合……安危相易，禍福相生，緩急相摩，聚散以成。此名實之可紀，精微之可志也……」。

按陰陽之相害相治，蓋即生克消息之義。月令之屢言「陰陽爭」（說見前節），當夏冬二至之際，相爭則相害也。以相爭、必有一消一息。夏至陽之盛極、陰起而與之相爭、故陽雖極盛，而一陰已生。自此，則陽日消，而陰日息矣。冬至則反是。足知陰陽消息、為對待之顯例、莊子本段下文言雌雄、安危、禍福、緩急、聚散、皆對待之名，而曰：「此精微之可志」者，明對待爲自然之律則也。韓非子解老：「凡物不並盛，陰陽是也。理相奪予，威德是也」。

按物不並盛。此盛則彼衰。互爲盛衰，陰陽消息之理，對待之顯例也。

六、動

天行剛健，故恆動。動而不已，則生生不息。此天地之生德，因動而著之也。豫彖傳曰：「豫順以動，故天地如之」。言天地故順動也，又舉天地順動之事、而爲之辭曰：「天地以順動，故日月不過，而四時不忒」。則日月四時，天地順動之實也。繫下第五復申其義曰：「日往則月來，月往則日來，日月相推而明生焉；寒往則暑來，暑往則寒來，寒暑相推而歲成焉」。晝夜寒暑，隨日月四時而推移，往復不已，使天地不動，何克臻此。故先聖作易，首以卦爻效天下之動（萬有群生），上繫第八曰：「聖人有以見天下之動，而觀其會通，以行其典禮。繫辭焉以斷其吉凶，是故謂之爻」。又曰：「爻也者，效天下之動者也（下繫第三）」。可以證知。卽由六爻之動，以顯見三才之事象，故曰：「六爻之動，三極之道也（上繫第二）」。由是知動之義蘊大矣。

1、動之義訓

禮記樂記：「著不息者、天也；著不動者、地也。一動一靜者，天地之間也」。

天地一動一靜，而謂不動者，地。則動者、天也。天著不息之義。則不息卽爲動。故動之義訓，不息也。

大戴記、哀公問於孔子篇：「公曰、敢問君，何貴乎天道也？孔子對曰：貴其不已……」。

由右知、不息、不已，卽動之義訓也。

動之可見者、陽氣動、則百物生。

國語卷一周語上：「宣王卽位、不籍千畝。虢文公諫曰……古者太史順時覛土（注、覛、音脈、視也）、陽癉（厚也）憤盈，土氣震發……先時九日（先、先立春日也），太史告稷曰：自今至於初吉，陽氣俱烝（升也），土膏其動（膏、潤也、其動、潤澤欲行也），弗震弗渝（渝，變也），脈其滿眚，穀乃不殖（言陽氣俱升，土膏欲動。當卽發動、變寫其氣。不然，則脈滿氣結，更爲災疫，穀乃不殖也）……」。

按傳言立春前，陽氣已動，觸發地氣，物乃萌生，穀類亦殖，是陽氣之動，卽穀物之生而可見也。

2、天地必動之理

管子侈靡第三十五：「天地不可留，故動。化、故從新。是故得天者，高而不崩……」。

天道不息不已、不可停留、故動。使其不動，何由生化？此著天地必動之理也。

天道至誠不息，所以持續宇宙之生命

禮記中庸：「故至誠無息。不息則久，久則徵，徵則悠遠，悠遠則博厚，博厚則高明。博厚所以載物也，高明所以覆物也，悠久所以成物也、博厚配地，高明配夫，悠久無疆」。

因不息而久、而徵、而悠遠，乃有博厚高明之德，遂有載物、覆物、成物之功施。博厚象地，高明象天，其至也，乃可以悠久而無疆。悠久無疆，卽宇宙生命之永垂不朽，皆原本於無息。此亦天地必動之理也。以天地有恆動之德，凡成象、成形之物，其在兩間，亦未有不動者呂氏春秋恃君覽第八觀表：「八曰：凡論人心觀事傳，不可不熟，不可不深。天爲高矣，而日月星辰雲氣雨露，未嘗休也；地爲大矣，而水泉草木毛羽裸鱗，未嘗息也……」。

3、動而後能生

列子天瑞：「黃帝書曰：形動不生形而生影；聲動不生聲而生響；無動不生無而生有……」。所謂影也、響也、有也，皆動而後生者也。

禮記中庸：「故至誠無息。不息則久……悠久無疆。如此者，不見而章，不動而變，無爲而成。天地之道，可一言而盡也。其爲物不貳，則其生物不測……」。

天地之道可一言而盡，朱註：「不過曰誠而已」。天道唯誠而已，故曰：「其爲物不貳」。誠則動而不息，故其生物不測，不測者，易所謂大生、廣生也。亦明動而後生之義。曰：「不動而變」者，不見其動，非不動也。

七、變

易有三義、簡易、變易、不易也。三義之中，以變易爲之樞。易在昔號曰變經，以其善言變化也。革彖傳曰：「天地革而四時成」。革猶變易也。說文解字三篇下曰：「革、獸皮治去其毛曰革。革、更也」。獸皮去毛，已爲變易。則革，固寓變易之義矣。傳曰：「天地革而四時成」。則四時成，卽天地變易之事實。今以四時言，春去則夏來，夏去則秋來，秋去則冬來。於繫下第五則曰：「寒往則暑來，暑往則寒來，寒暑相推而歲成焉」。寒暑相推而四時以序。推者、推移，卽變易之謂。然則天道之有變易，固已。

變易，又謂之變化。正義：「夫易者，變化之總名，改換之殊稱」，以變易，爲大化流行之事。故亦曰變化。列子：「因形移易者謂之化」，卽兼二義而言。夷考其始，變化，乃陰陽之所爲。陰陽爲神（說見陰陽一節中），故曰：「知變化之道者，其知神之所爲乎（上繫第九）」。神者，大化之流行，變化莫測，固源於陰陽。故傳又曰：「陰陽不測之謂神（上繫第五）」。今知變化之主力爲陰陽。然陰陽又何以爲變化？上繫第十曰：「是故闔戶謂之坤，闢戶謂之乾。一闔一闢謂之變」。乾坤闔闢謂之變，乾坤卽陰陽也。陰陽一闔一闢，卽陰陽往來交感和洽之義。故謂變生於陰陽也。變之徵見於外者，爲象，爲形。故上繫第一曰：「在天成象，在地成形，變化見矣」。此易言變化之道有原有委，有諸內必形諸外，本末兼賅之義也。

1、動變相因

莊子秋水：「物之生也、若馳若驟、無動而不變，無時而不移。何爲乎，何不爲乎，夫固將自化」。物之一生，其歷程至爲急速，故曰若馳若驟。物無時不動，亦無時不變。是動變之相因，蓋動則變也。

2、變化之意義

(1)、變化爲天德

荀子不苟篇：「君子養心，莫善於誠。致誠則無它事矣。唯仁之爲守，唯義之爲行。誠心守仁則形，形則神，神則能化矣；誠心行義則理，理則明，明則能變矣。變化代興，謂之天德。天不言而人推高焉，地不言而人推厚焉，四時不言而百姓期焉，夫此有常以至其誠者也……」。

右言君子守仁行義，能變化其身。守仁能化，行義能變。變化代興（更相爲用），則與天同德。天地四時之變化，所謂天德也。天不言三句，正明天人均須變化。知變化之爲天德也。

⑵、變化在明生生之理

列子天瑞：「粥熊曰：運轉亡已，天地密移，疇覺之哉？故物損於彼者盈於此；成於此者虧於彼。損盈成虧，隨世隨死。往來相接，間不可省。疇覺之哉？凡一氣不頓進，一形不頓虧。亦不覺其成，亦不覺其虧。亦如人自世（注、音生）至老，貌色智態，亡日不異。皮膚爪髮，隨世（音生）隨落，非嬰孩時有停而不易也。間不可覺，俟至後知……」。

右段首曰：「運轉亡已，天地密移」。卽變化之謂也。物之損盈成虧，往來相接，其間不容一髮。明往來死生之際，新故相續，去故生新。曾無須臾之停滯。以人之貌色智態，亡日不異爲喻。正言人身之變化，曰「皮膚爪髮，隨生隨落」，固亦隨落隨生，變化亦所以爲新生。足見生生不息之理，因變化而日章。故變化、實所以明生生之理也。

⑶、變化所以新生

莊子山木：「何謂無始而非卒？仲尼曰：化其萬物，而不知其禪之者。焉知其所終，焉知其所始？正而待之而已耳」。

郭象於上文：「無始而非卒也」句下注：「於今爲始者，於昨爲卒，言變化之無窮」。按萬物之生化，新故相續，禪代無已。其間不能以髮，故莫知其終始。則變化固所以新生。

管子侈靡第三十五：「天地不可留、故動；化、故從新……」。

「化、故從新」。言變化乃能新生也。

(4)、道不得不變

韓非子解老：「道者、萬物之所然也，萬理之所稽也……萬物各異理而道盡。稽萬物之理，故不得不化。不得不化，故無常操……」。

按「萬物各異理而道盡」者，言萬物流形，各有其特質，亦各有其條理，而爲道之事畢盡。欲萬物之各異其理，故道不得不曲盡其變化也。

3、變化之緣起

荀子禮論：「故曰、天地合而萬物生；陰陽接而變化起」。

按荀子言變化之緣起，由於陰陽之相接合也。

4、變化之主力

變化之主力、爲道。道有變易之理

莊子在宥：「賤而不可不任者、物也；卑而不可不因者、民也……一而不可不易者、道也（錢穆箋：易、變化也。管子形勢篇：道之所言者一，而用之者異）……」。

按道體本一，而其用則萬殊。其所以不得不變化者，在顯其用也。繫傳曰：「一陰一陽之謂道」。道不可見，而陰陽之交感和洽（一陰一陽），則有可得以識取之者，蓋卽其變化而言之也。

荀子以爲由於天地之誠

荀子不苟篇：「天地爲大矣，不誠、則不能化萬物」。

荀子以爲萬物之化育，由於天地之誠。誠者、天之道也（中庸）。天道至誠無息，故能化育也。

道固爲變化之主力（原動力），實則專司其責者，仍爲陰陽。

列子周穆王篇：「老成子學幻於尹文先生，三年不告，老成子請其過而求退。尹文先生，揖而進之於室。屏左右而與之言曰：昔老聃之徂西也，顧而告余曰：有生之氣，有形之狀，盡幻也。造化之所始，陰陽之所變者，謂之生，謂之死。窮數達變，因形移易者，謂之化，謂之幻……」。

列子以幻化爲一事。以物之死生，乃陰陽之所變化。則變化之主力，亦卽陰陽耳。

呂氏春秋孟春紀：「是月也，天氣下降，地氣上騰。天地和同，草木繁動……」。又季春紀曰：「天氣下降，地氣上騰」。是天地之氣交感也。天地之氣，卽陰陽二氣。二氣交感，而草木繁動。則萬物之變化，實卽陰陽之所作爲也。

5、變化之現象

莊子知北遊：「人生天地之間，若白駒之過郤（本亦作隙），忽然而已。注然勃然，莫不出焉，油然漻然，莫不入焉（郭象曰：出入者，變化之謂）。已化而生，又化而死……」。

天地若逆旅，人於天地間，或生或死，猶出入於此逆旅之中，郭象以出入卽變化是也。莊子又曰：「已化而生，又化而死」。則生死出入，其義一也。生死爲人道之大端，亦陰陽變化之具體。觀死生，可見變化之現象也。

6、陰陽開合爲變化之樞機

呂氏春秋仲夏紀：「太一出（注：出、生也）兩儀，兩儀出陰陽。陰陽變化，一上一下，合而成章（章猶形也）。渾渾沌沌，離則復合，合則復離，是謂天常。終則復始，極則復反，莫不咸當」。

呂氏曰：「陰陽變化、一上一下，合而成章」三句，總言陰陽之開闔，所以能生物也。按上繫第十：「是故闔戶謂之坤，闢戶謂之乾，一闔一闢謂之變」。呂覽之「一上一下」，卽易之「一闔一闢」。陰陽開合之謂也。陰陽之開合，始能生物，故呂覽又曰：「合而成章」。注：「章猶形也」。按姤彖傳：「天地（陰陽）相遇，品物咸章也」。則章者，物之成遂也。呂覽與易義悉合。又曰：「離則復合，合則復離」。合、卽陰陽之交合，離合往復，終而復始，乃天道之常，故曰：「是謂天常」。要之。陰陽開合，所以生物。此陰陽變化之基本。故陰陽開合，爲變化之樞機也。

鬼谷子卷上捭闔第一：「粵若稽古，聖人之在天地間也，爲衆生之先，觀陰陽之開闔以命物。知存亡之門戶，籌策萬類之終始，達人心之理，見變化之眹焉，而守司其門戶。故聖人之在天下也，自古之今，其道一也。變化無窮，各有所歸。或陰或陽，或柔或剛。或開或閉，或弛或張。是故聖人一守司其門戶，審查其所先後……捭闔者，天地之道。捭闔者，以變動。陰陽四時開閉，以化萬物……」。

右段開首卽言開闔。開闔卽繫傳所謂闔闢也（見上條）。開闔、爲變化之樞紐，故曰：「知存亡之門戶」。又曰：「守司其門戶」。門戶者、陰陽爲變化之門戶（傳曰：乾坤，其易之門邪。乾坤，卽指奇偶陰陽）：陰陽之開合，又爲陰陽司變化之門戶耳。又要之曰：「變化無窮，各有所歸」。其陰陽之開閉、弛張、皆變化之過程。鬼谷言開闔，卽指捭闔，故又曰：「捭闔者，天地之道」。本篇又曰：「捭之者、開也、言也、陽也；闔之者、閉也、默也、陰也」。捭闔主於變動，所以化生萬物，則天地功化之迹，正賴陰陽之捭闔，此發明易義之大者也。

八、象數

周易自有象數。易以卦爻爲基本，象數固在卦爻之中。六十四卦，起於奇耦之畫。一奇二耦，陰陽乾坤之義具，象與數擧在其中矣。迨八卦相重，而爲六位成章之卦，自初至上、二四三五、同功而異位，貴賤遠近攻取之勢形，天地人三極之道以見。亦寓象數之義。八卦以象告（繫下末章），舍卦爻而言象數，是節外生枝，非所當務矣。分而言之，象在卦爻之中，八卦成列，象在其中矣（繫下第一）」。曰象、則已表見於外，故繫上第十：「見乃謂之象」。先聖作易，以準天地，象、卽首象乾坤易簡之德、繫下第一：「夫乾、確然示人易矣；夫坤、隕然示人簡矣。爻也者、效此者也；象也者、像此者也……」。兼以寫天下之物象，卽以爻畫模擬萬有之形容，繫上第八：「聖人有以見天下之賾，而擬諸其形容，象其物宜，是故謂之象」。故象不離夫卦爻，八卦以象告（繫下末章）人也。次爲數、易言數者二、一爲天地之數。天數五、一三五七九是。地數五、二四六八十是。天數合爲二十五、地數合爲三十。凡天地之數，五十有五。其妙用，所以成變化而行鬼神（繫上第九），蓋所以贊天地之化育也。二曰大衍之數，凡五十，惟用四十有九，疑爲揲蓍布卦之用而已。諸子言象數者尠，於象，僅及人事之所取象，凡有興作，取合天則而已，言數、自數之終始以及常數，又以爲數生人物，則與繫傳成變化之義相符，此其大較也。

1、象之義訓

韓非子解老：「人希見生象也，而得死象之骨，案其圖以想其生也，故諸人之所以意想者，皆謂之象也」。

韓非以象，爲夫人之意想。按易象，亦先聖作易時之意想耳。故上繫十二曰：「聖人立象以盡意」。

意、自作者之意想也。

2、人事之取象

禮記鄉飲酒義：「賓主、象天地也。介僎、象陰陽也。三賓、象三光也。讓之三也，象月之三日而成魄也。四面之坐，象四時也……」。

由右知人事之興作，皆有所取象，明其含具義理也。卦爻之取象於萬有，自亦宜然。同篇又曰：「鄉飲酒之義，立賓以象天，立主以象地。設介僎以象日月，立三賓以象三光。古之制禮也，經之以天地，紀之以日月，參之以三光，政教之本也」。

按易禮同源。易有太極，是生兩儀。禮本於太一，分而爲天地是也。記曰：古之制禮，經之以天地，紀之以日月。繫傳曰：易與天地準，故能彌綸天地之道。則制禮作易，皆以天地爲依據。取象之義，亦宜同也。

荀子樂論：「君子以鐘鼓道志，以琴瑟樂心。動以干戚，飾以羽旄，從以磬管，故其清明象天，其廣大象地。其俯仰周旋，有似於四時。故樂行而志清，禮脩而行成……移風易俗，天下皆寧」。

荀子亦謂樂舞象天地四時，則人事興作，皆有所取象明矣。

3、象數之起原

左僖十五年傳：「及惠公在秦曰：先君若從史蘇之占，吾不及此夫。韓簡侍曰：龜、象也。筮、數也。物生而後有象，象而後有滋，滋而後有數。先君之敗德及，可數乎？史蘇是占，勿從何益」？

據左氏，物生而後有象。所謂見乃謂之象也。象而後有滋，滋而後有數。則象先數後，明矣。傳又曰

：「筮、數也」。則數又隨筮而生，直與揲蓍有關耳。

4、數之可見者惟度數

禮記樂記：「聖人作樂以應天，制禮以配地……是故先王本之情性，稽之度數，制之禮義，合生氣之和（鄭注、生氣、陰陽氣也）……百度得數而有常……」。

按禮樂之作，取象天地。樂記：「大樂與天地同和；大禮與天地同節」。又曰：「樂者、天地之和也；禮者、天地之序也」。天有五行四時十二月（禮運），爲自然之度數。於人事，則禮器曰：「禮有以多爲貴者，天子七廟、諸侯五、大夫三、士一。天子之豆、二十有六、諸公十有六、諸侯十有二、上大夫八、下大夫六。諸侯七介七牢、大夫五介五牢。天子之席五重、諸侯之席三重、大夫再重。有以高爲貴者、天子之堂九尺、諸侯七尺、大夫五尺、士三尺……」。此所謂度數也。本此，則尊卑上下，各有等差。以定其秩，而安其分。使上不自懈，下不踰節。此數之所以維繫禮制也。故記曰：「百度得數而有常」。然則數亦爲治之具，與禮樂政刑相輔而行者也。

5、數之終始及常數

(1)、凡數皆起於一

御覽七百五十引尹文子：「數、十百千萬億。億萬千百十，皆起於一。推之億億無差矣」。

右尹文子佚文，謂數皆起於一，此夫數自然之次也。

(2)、十爲數之極

國語魯語下：「吳伐越，隳會稽，獲骨焉，節專車。吳子使來好聘，問於仲尼曰：……敢問骨何爲大？仲尼曰、丘聞之、昔禹致群神於會稽之山。防風氏後至，禹殺而戮之，其骨節專車，此爲大矣……客曰防風何守也？仲尼曰：汪芒氏之君也……於周爲長狄，今爲大人。客曰：人長之極幾何？仲尼曰：僬僥氏長三尺、短之至也。長者不過十，數之極也」。

傳引孔子之言、以十、爲數之極。按自然之數，皆起於一，至十而極。自此以往，至於百千萬，皆十之倍數，則十爲終極之數是也。

(3)、六五爲天地之常數

國語周語下：「晉孫談之子周、適周，事單襄公。立無跛，視無還……襄公有疾，召頃公而告之曰：必善晉周，將得晉國，其行也文……夫敬，文之恭也。忠、文之實也。信、文之孚也。仁、文之愛也。義、文之制也。智、文之輿也。勇、文之帥也。教、文之施也。孝、文之本也。惠、文之慈也。讓、文之材也。象天能敬，帥意能忠，思身能信，愛人能仁，利制能利，事建能智，帥義能勇，施辯能教，昭神能孝，慈和能惠，推敵能讓。此十一者，夫子（晉周）皆有焉。天六地五，數之常也……」。

傳以天之六氣、地之五行，即六五，爲天地之常數。本以晉周有文、後必爲晉君。擧敬、忠、信、仁、義、智、勇、教、孝、惠、讓十一德目。以配天之六氣、地之五行，合爲十一之數。六氣者、注：「陰陽風雨晦明」。五行：「金木水火土」。六五爲天地之常數者、陰陽五行，佐天地以成化育之功。與繫傳言天地之數，所以成變化而行鬼神之義隱合也。

6、數之功用

(1)、數配四時

禮記月令：「孟春之月……其數八（鄭注：數者、五行佐天地生物成物之次。易曰：天一地二、天三地四、天五地六、天七地八、天九地十。而五行自水始、火次之、木次之、金次之、土爲後。木生數三、成數八。但言八者、舉其成數）……仲春之月……其數八……季春之月……其數八……孟夏之月……其數七（注：火生數二、成數七。但言七者，亦舉其成數）……仲夏之月……其數七……季夏之月……其數七……中央土、其日戊己……其數五（注：土生數五、成數十。但言五者，土以生爲本）……孟秋之月……其數九（注：金生數四……成數九。但言九者，亦舉其成數）……仲秋之月……其數九……季秋之月……其數九……孟冬之月……其數六（注：水生數一，成數六，但言六者，亦舉其成數）……仲冬之月……其數六……季冬之月……其數六……」。

按月令以數配四時。康成以五行配四方與中央。然後以天地之數，五行與天地生成之數（康成易注：天三生木於東，地八成木於東。地二生火於南，天七成火於南。地四生金於西，天九成金於西。天五生土於中，地十成土於中。天一生水於北，地六成水於北）說之。其理不可究詰。惟繫傳有：「凡天地之數五十有五，此所以成變化而行鬼神也」二句。明數可以贊天地之化育，所謂成變化而行鬼神者也。以數配四時，其義蓋不外是。

管子幼官第八：「春行冬政、肅……治燥氣，用八數（注：八亦木成數也）夏行春政、風……治陽氣，用七數（注：七亦火之成數），秋行夏政、葉……治濕氣，用九數（注：九亦金之成數），冬行秋政、霧……治陰氣，用六數（注：六亦水之成數）……」。

管子以數配四時，與月令同。

(2)、數生人物

大戴記本命篇：「天一地二人三，三三而九，九九八十一，一主日，日數十，故人十月而生。八九七十二、偶以承奇，奇主辰，辰主月，月主馬，故馬十二月而生。七九六十三，三主斗，斗主狗。故狗三月而生。六九五十四，四主時，時主豕。故豕四月而生。五九四十五，五主音，音主猿，故猿五月而生。四九三十六，六主律，律主禽鹿，故禽鹿六月而生也。三九二十七，七主星，星主虎，故虎七月而生。二九十八，八主風，風主蟲，故蟲八月化也。其餘各以其類也……」。

按大戴記謂數生人物。自人（十月而生）、馬（十二月）、狗（三月），豕（四月）、猿（五月）、禽鹿（六月）、虎（七月）、蟲八月化。各舉其孕字之月。其理亦無由知。

九、中

六十四卦，由八卦之錯綜而成。故六位成章之卦，皆分上下二體。二體各三爻，合得六爻。卽六爻言，二五各在二體之中。以其居中處正，易卽以二五兩爻譬況中道。蠱九二象傳：「幹母之蠱，得中道也」。離六二象傳：「黃離元吉，得中道也」。解九二象傳：「九二貞吉，得中道也」。夬九二象傳：「有戎勿恤，得中道也」。既濟六二象傳：「七日得，以中道也。中卽正也，中無不正。故中正、正中，其義爲一。而陽居五，陰居二，皆曰中正，爻位中正，則无往不利。故訟象傳：「利見大人，尚中正也」。謂九五。履象傳：「剛中正，履帝位而不疚」，謂九五。觀象傳：「中正以觀天下」。謂九五。益象傳：「中正有慶」。謂六二九五。訟九五象傳：「訟元吉，以中正也」。晉六二象傳：「受茲介福，以中正也」。

由是，知易之昌明中道，可謂至矣！至於舉措動靜，要以時中爲準，艮彖傳曰：「艮、止也。時止則止，時行則行。動靜不失其時，其道光明」。此言時，卽寓時中之義。適時則中，中無不時宜者。時中之義，易尤貴之。論其大旨，悉包羣經傳言中之義。則中道之思想，固宜以易爲中心也。

1、中之義訓

荀子儒效篇：「先王之道，仁之隆也。比中而行之（王念孫曰：比、順也、從也）。曷謂中？曰禮義是也……」。

按荀子以禮義訓中極是。禮義爲大中至正之道，夫人之所宜由從。孟子滕文公：「居天下之廣居，立天下之正位，行天下之大道。得志與民由之；不得志獨行其道。富貴不能淫，貧賤不能移，威武不能屈。此之謂大丈夫」。按廣居、仁也，孟子謂：仁、人之安宅也。先王尚仁，仍以中爲準（比中而行之）。正位，禮也。禮定秩序，卑高以陳，貴賤位矣（繫傳）。尊卑上下，各有分位，勿相踰越，是天下之正位。大道、義也。孟子、夫義、路也。以禮義訓中，則中之含義明見而無餘矣。

2、時中

禮記中庸：「仲尼曰：君子中庸，小人反中庸。君子之中庸也，君子而時中；小人之中庸也，小人而無忌憚也」。

按中無定所，隨所當行，時措之宜。故以時中連文。朱子謂：「隨時以處中」是也，孟子萬章：「孔子之去齊，接淅而行。去魯，曰遲遲吾行也，去父母國之道也。可以速而速；可以久而久；可以處而處；可以仕而仕，孔子也」。孟子論孔子之速久處仕，皆以可（適宜）爲準，卽時中之佳例也。

3、用中

同篇：「子曰：舜其大知也與。舜好問而好察邇言，隱惡而揚善。執其兩端，用其中於民，其斯以爲舜乎」。

按用中，卽中庸之義訓。庸、用也。經傳通訓。書堯典，疇咨若時登庸、傳庸、用也。詩兎爰，尙無庸傳，南山，齊子庸止傳，左氏莊十四年傳、庸非貳乎注皆是。惟用中須知權度。權度者、禮義之謂。舜執其兩端，卽權衡其輕重得失而後用之。孟子盡心：「孟子曰：楊子取爲我，拔一毛而利天下，不爲也。墨子兼愛，摩頂放踵，利天下爲之。子莫執中，執中爲近之。執中無權，猶執一也」。孟子謂子莫爲近之，以其僅知執中而不知執其兩端，以權衡其輕重得失也。執中而無權，固非用中之道也。故用中亦復有據，禮義是也。

(1)、中以禮義爲準

荀子不苟篇：「君子行不貴苟難，說不貴苟察，名不貴苟傳，唯其當之爲貴。故懷負石而赴河，是行之難爲者也，而申徒狄能之。然而君子不貴者，非禮義之中也……」。

荀子謂君子所貴，爲禮義之中。蓋言君子所貴者，中道耳。此中道，又須以禮義爲準也。然禮義，亦非空泛之辭。曰唯其當而已矣（荀曰：唯其當之爲貴）。當、卽禮義之本質。守禮由義，未有不當者也。

(2)、中以理爲斷

儒效篇：「言必當理，事必當務。是然後君子之所長也。凡事行有益於理者立之；無益於理者廢之。夫是之謂中事。凡知說有益於理者爲之，無益於理者舍之。夫是之謂中說。事行失中，謂之姦事；知說失中，謂之姦道。姦事姦道、治世之所棄，而亂世之所從服也……」。

右段上文曰：「曷謂中？禮義是也（引見上）」。本段續上文言中，以事行知說爲例。凡事行知說有益於理者，謂之中事中說，否則謂之失中。則是中以理爲斷也。按理本治玉之名（說文）。引申凡事物之文理、條理、道理，均謂之理。則理蓋禮、義之別名耳。孟子告子：「心之所同然者何也？謂理也、義也。聖人先得我心之所同然耳。故理義之悅我心，猶芻豢之悅我口」。分舉曰理也、義也。合言則曰理義，其實一也。朱注引程子曰：「在物爲理；處物爲義，體用之謂也」。此雖僅及理、義。其於理之與禮，當復如是。禮義未有不當於理也。

4、中和一物

禮記中庸：「喜怒哀樂之未發，謂之中；發而皆中節，謂之和。中也者，天下之大本也；和也者，天下之達道也。致中和，則天地位焉，萬物育焉」。

按喜怒哀樂之未發，謂之中。未發、指人心境平靜之時。發而皆中節，謂之和。發者、隨感而後發也。未發爲性，已發爲欲，爲情（欲卽情）。故樂記曰：「人而生靜，天之性也；感於物而動，性之欲也」。性之與情，本自一物，惟動靜之別耳。今未發謂之中，發而中節謂之和。則中和，亦當爲一物，不過有內外之別耳。記又曰：「致中和，則天地位焉，萬物育焉」。言天地有中和之氣（溫厚和平之氣。記所謂天地之仁氣、引見上、易則謂之乾元、太和），萬物得以化育。人秉中和之德，則喜怒不妄發而溫良可親。皆足證中和之爲一物也。

5、和之義訓

左昭二十年傳：「齊侯至自田，晏子侍於遄臺，子猶馳而造焉。公曰：唯據與我和夫！晏子對曰：據亦同也。焉得爲和？公曰：和與同異乎？對曰異。和如羹焉，水火醯醢鹽梅，以烹魚肉，燀之以薪（注、燀、炊也），宰夫和之，齊之以味。濟其不及，以洩其過。君子食之，以平其心。君臣亦然。君所謂可而有否焉。臣獻其否以成其可；君所謂否而有可焉，臣獻其可以去其否。是以政平而不干，民無爭心。故詩曰：亦有和羹，既戒既平。鬷嘏無言，時靡有爭。先王之濟五味，和五聲也，以平其心，成其政也。聲亦如味，一氣、二體、三類、四物、五聲、六律、七音、八風、九歌，以相成也。清濁、小大、短長、疾徐、哀樂、剛柔、遲速、高下、出入、周疏，以相濟也。君子聽之，以平其心。心平德和……今據不然。君所謂可，據亦曰可。君所謂否，據亦曰否。若以水濟水，誰能食之？若琴瑟之專壹，誰能聽之？同之不可也如是」。

按晏子論和與同、異，雖主諷諫，然和之義，不外乎此。和者、濟其不及，以洩其過也。濟不及而洩其過，卽中和之義。中者、勿過不及，相濟相成。夫是之謂和。譬之音樂，五聲六律……以相成，清濁大小……以相濟，夫然後和，於人則心平德和，故無乖戾之事，此和之足貴也。晏子卽本易中和之義以訓和，中和固一物事也。

國語鄭語：「桓公爲司徒（鄭桓公）……問於史伯曰：王室多故，余懼及焉……公曰：周其弊乎？對曰：殆於必弊者也……去和而取同。夫和實生物，同則不繼。以他平他謂之和（注：謂陰陽相生，異味相和）。故能豐長而物歸之，若以同裨同，盡力弃矣。故先王以土與金木水火雜以成百物。是以和五味以調口，剛四支以衞體，和六律以聰耳……故王者居九垓之田，收經入以食兆民。周訓而能用之，和樂如一。夫如是，和之至也……聲一無聽，物一無文……」。

按史伯論和，謂和有調和之義。取多物以相濟相益，故曰以他平他謂之和。曰五行相雜以成物，曰和五味以調口。皆取相濟相成，使其協調和洽。與晏子之說略同，和之義具於是矣。

6、天地有和德

禮記樂記：「大樂與天地同和，大禮與天地同節。和故百物不失，節、故祀天祭地……」。同篇：「樂者，天地之和也，禮者、天地之序也。和、故百物皆化，序、故群物皆別……」。

右兩段，皆明天地有和德。庶物之化育，胥賴此和德。此卽中和之德也。故記又曰：致中和則天地位焉，萬物育焉。在易、則謂之太和。皆中德之異名，其實則同。國語周語下：「夫有和平之聲，則有蕃殖之財。於是乎道之以中德，詠之以中音（注：中德、中庸之德聲也。中音、中和之音也）。德音不愆，以合神人」。中德、中音，傳以爲卽和平之聲。蓋導之以中德，詠之以中音，則和平之聲乃見。故曰德音不愆，以合神人」。神人歆合，和之至也。

十、性命

易言性命，其大別有三：一爲性命之本原。二曰性命之成長。三爲盡性至命，以順性命之理。一、二、天道也，三、則人事也。先言其一、繫傳曰：「一陰一陽之謂道。繼之者、善也，成之者、性也」。明言性原於道。繼之、成之、二之字，皆指道。曰成之者性。則性爲道之成形也。易之道，卽乾元。故乾彖傳曰：「大哉乾元，萬物資始」。言萬物資始者、乾元、爲天地之元氣、萬物稟此氣以成形，則性命來自乾元之孕育明矣。其二，性命之成長，乾彖傳亦著其義，而曰：「乾道變化，各正性命」。乾道、上文所謂乾元也。乾元之道，藉陰陽二氣動靜闔闢之變化，而萬物各得遂其性命，所謂正也。彖傳又曰：「雲行雨施，品物流形」。品物、「各正」之各個體也。品物之流布成形，亦卽正性命之事耳。其三、盡性至命，人之所宜事事也。如何盡性？則彖傳所謂保合太和也。天地有中和（太和）之德，亦卽生生之大德。人稟天地之氣以生（禮運：故人者，其天地之德，陰陽之交，鬼神之會，五行之秀氣也），人亦有中和之性，保其中正和平之性，可以謂之盡性。繫傳曰樂天知命故不憂。樂天、卽保其天賦和平之性，知命、順乎自然之律則。能於此修省而黽勉之，所以順乎性命之理，而獲遂其天年不難矣。此易所以有性命之義也。

1、性之本原

大戴記三本篇：「禮有三本。天地者、性之本也……」。

天地爲性之本，則性原於天地明矣。

左襄十四年傳：「師曠侍於晉侯、晉侯曰：衞人出其君，不亦甚乎？對曰：或者其君實甚。良君將賞善而刑淫，養民如子……天生民而立之君，使司牧之，勿使失性……天之愛民甚矣，豈其使一人肆於民上，以從其淫，而弃天地之性，必不然矣」。

按傳言性秉自天。君上當全其性，使不失其所天。全其性、卽易傳正性命之意。又曰：勿使失性。失天地之性也。性秉於天也。又曰：弃天地之性者、使民不得全其性、以遂其生也。然則全其性以遂其生，是正其性命矣。

2、性爲生命之本質

莊子庚桑楚：「道者、德之欽也（俞樾曰：欽即廞之叚字。小爾雅，廞、陳也。所以生者爲德，陳列之則爲道）。生者、德之光也（成疏、天地之大德曰生，故生化萬物者，盛德之光華也。錢穆曰：此等語顯出易傳後）。性者、生之質也。性之動、謂之爲……」。

按性爲生命之本質。故凡有生之物，莫不各具個性。能飛善走，美其色，巧其聲，皆其秉性之所致也。

呂氏春秋不苟論第四貴當：「六曰名號大顯，不可彊求，必繇其道。治物者不於物，於人。治人者不於事，於君。治君者不於君，於天子。治天子者不於天子，於欲。治欲者不於欲，於性。性者、萬物之本也。不可長，不可短。因其固然而然之，此天地之數也……」。

按性者、生之質也。萬物因之而生，而具形獨立，故曰：性者、萬物之本也。固其固然，率性之事也。率性之謂道，故曰：此天地之數也（數猶道）。

3、生命之本原

荀子禮論：「禮有三本。天地者、生之本也……無天地惡生？三者偏亡，焉無安人」。

大戴記曰：「天地者、性之本也」。與荀子異，古籍性生二字多通用。然荀子實作生、觀：「無天地惡生」句可知。然性也者與生俱生，兩不相妨也。

王制篇：「天地者、生之始也」。

此生字、亦當指生命、生命來自天地，故天地爲生命之本始也。

左成十三年傳：「三月……公及諸侯朝王，遂從劉康公成肅公，會晉侯伐秦。成子受脤（社肉）於社，不敬。劉子曰：吾聞之，民受天地之中以生（注：中和之氣），所謂命也。是以有動作威儀之則，以定命也。能者養之以福，不能者敗以取禍。是故君子勤禮，小人盡力。勤禮莫如致敬，盡力莫如敦篤……國之大事，在祀與戎。祀有執膰，戎有受脤，神之大節也。今成子惰，弃其命矣，其不反乎」。

傳謂民秉天地之中以生，所謂命也。則人之生命來自天地，固已。人當重其生命，使動作威儀，不失其則，乃爲定命。勤禮盡力，重之之事也。

4、生物之本原

莊子至樂：「莊子妻死，惠子弔之。莊子則方箕踞鼓盆而歌。惠子曰：與人居、長子、老身。死不哭，亦足矣。又鼓盆而歌，不亦甚乎？莊子曰：不然。是其始死也，我獨何能無概然。察其始而本無生。非徒無生也，而本無形。非徒無形也，而本無氣。雜乎芒芴之間，變而有氣，氣變而有形，形變而有生……」。

莊子以生物之本原爲氣。由氣而成形，始有生命。

知北遊：「人之生、氣之聚也。聚則爲生，散則爲死……故萬物、一也。是其所美者，爲神奇。其所惡者爲臭腐。臭腐復化爲神奇，神奇復化爲臭腐。故曰：通天下一氣耳……」。

莊子於此謂：通天下一氣，氣之聚則爲生，散則爲死。萬物莫不然。是以生物之本原爲氣，與易傳萬物資始於乾元之氣同。

管子內業第四十九：「凡物之精，此則爲生。下生五穀，上爲列星。流於天地之間，謂之鬼神。藏於胸中，謂之聖人。是故民氣（按卽人氣），杲乎如登於天，杳乎如入於淵……是故此氣也，不可止以力，而可安以德……敬守勿失，是謂成德……」。

管子以天地間，下自五穀，上至列星，皆精之所生。此精流行於天地之間，則爲鬼神。又謂此氣至大至剛，不可以力止之。要謂生物之本原爲氣。按精與氣一物。故本篇又曰：「精也者、氣之精者也」。又曰：「思之思之，又重思之。思之而不通，鬼神將通之，非鬼神之力也，精氣之極也」。按繫傳：「精氣爲物、游魂爲變」，其義正同。

5、性即命

左昭八年傳：「八年春，石言於晉魏楡（晉地），晉侯問於師曠曰：石何故言？對曰：石不能言，或馮焉，不然，民聽濫也。抑臣又聞之曰：作事不時，怨讟動於民，則有非言之物而言。今宮室崇侈，民力彫（傷）盡，怨讟竝作，莫保其性（注，性，命也。民不敢自保其性命）。石言，不亦宜乎。於是晉侯方築虒祁之宮。叔向曰：子野之言，君子哉」。

傳以晉侯崇大宮室，過傷民力，民怨沸騰，莫敢保其性命（生命），言勢將作亂，鋌而走險也。則性即命也。

莊子人間世：「葉公子高將使於齊，問於仲尼曰：王使諸梁也甚重。齊之待使者，蓋將甚敬而不急。匹夫猶未可動也，而況諸侯乎？吾甚慄之……其有子以語我來。仲尼曰：天下有大戒（成疏：戒、法也）二。其一、命也。其一、義也。子之愛親，命也。不可解於心。臣之事君，義也。無適而非君也，無所逃於天地之間，是之謂大戒」。

子之愛親，天性使然。所謂良知良能也。不可解於心。亦不必解於心，固無人求解於心也。莊子謂：「子之愛親，命也」。此命字，與性同義。

左昭十九年傳：「沈尹戌曰：吾聞撫民者，節用於內，而樹德於外。民樂其性而無寇讎。今宮室無量，民人日駭，勞罷死轉，忘寢與食，非撫之也……」。

按民之爲道也，衣食足，無凍餒之患。則樂其生（卽尊重其生命）。若勞疲死徙，廢寢與食，痛苦不堪。死且不保，何以樂生？本文：「民樂其性」之性字，直與生命一義也。

6、命謂生命

荀子天論：「在天者莫明於日月，在地者莫明於水火，在物者莫明於珠玉，在人者莫明於禮義。故日月不高，則光暉不赫……禮義不加於國家，則功名不白。故人之命在天，國之命在禮……」。

按人之命在天；國之命在禮二句中之命字，皆指生命。人之命在天者，本篇上文曰：「陰陽大化，萬物各得其和以生」。可知人之生命，受之於天，亦繫之於天也。國之命在禮者，荀子至重禮。禮經國家利人民定社稷者也，故一國之生命，繫之於禮。且禮爲四維之首。四維不張，國乃滅亡。此與一國之生命，關涉至切也。國亦有生命者，所謂國祚，國脈是也。

7、知命

論語堯曰：「子曰：不知命，無以爲君子也。不知禮，無以立也。不知言，無以知人也」。

禮記檀弓上：「孔子蚤作，負手曳杖，消搖於門。歌曰：泰山其頹乎，梁木其壞乎，哲人其萎乎！既歌而入，當戶而坐。子貢聞之曰：泰山其頹，則吾將安仰？梁木其壞，哲人其萎，則吾將安放？夫子殆將病也，遂趨而入。夫子曰：賜、爾來何遲也？夏后氏殯於東階之上，則猶在阼也。殷人殯於兩楹之間，則與賓主夾之也。周人殯於西階之上，則猶賓之也。而丘也，殷人也。予疇昔之夜，夢坐奠於兩楹之間。夫明王不興，而天下其孰能宗予？予殆將死也，蓋寢疾七日而沒（鄭注：明聖人知命）」。

論語堯曰篇載孔子之言，謂君子當知命。繫上第四：「樂天知命故不憂」。命卽生命，此命受之於天，故又曰天命。論語爲政，孔子自謂：「五十而知天命」。人有生命，卽有天賦之責任，故知命者，知生命之要義，所謂當盡其在我者。孔子畢生學而不厭，誨人不倦，所以汲汲終日者，知命之事也。至檀弓所記孔子臨卒之言，康成以爲知命，乃死生之命也。論語顏淵：「子夏曰：商聞（朱註：蓋聞之夫子）之矣，死生有命，富貴在天」。孟子盡心：「孟子曰：莫非命也，順受其正。是故知命者，不立乎巖牆之下。盡其道而死者，正命也。桎梏死者，非正命也」。亦言死生之命。蓋死生亦大矣！聖人淸明在躬，氣志如神。至誠前喻，豈有不知？要之，知命者，平日專力修己，當務之爲急。臨危處之泰然，不以死生禍福動其心。如斯而已，非一切委之於命之謂。

十一、天人

夫人戴天而履地。爲萬物之秀，在三才之中（繫傳以天人地爲次）。固不能外天地而生存，自不可以不知天地。先民作易，必明天人之幾者在此。易言天人（天道人事並舉）。論天道，不務高遠。以形上之道爲乾元。乾元卽天地之元氣，隨在可以察識，天道何遠之有？其言人事，則因自然之理則，於近取譬，俾吾人易知而亦易行者也。人在天地之內，一舉目、一投足、凡耳目所及，無非天象。請以詩三百爲例，小雅大東之什曰：「東有啓明，西有長庚」。吾人藉星辰之出入，可以辨東西之方位。天保之什曰：「如月之恆，如日之升」。見日月之有恆上升，而奮發進取之心日熾矣。小宛：「我日斯邁，而月斯征」。見日月之易逝，當夙興夜寐，毋忝爾所生矣。十月之交曰：「高岸爲谷，深谷爲陵」。於是知世事之多變，知所以因應之方矣。棫樸之什曰：「倬彼雲漢，爲章於天」。於是知令問身華之不可以或無，而宜愼脩其身。采薇曰：「昔我往矣，楊柳依依。今我來思，雨雪霏霏」。吾人循四時以歎逝，乃有瞻萬物而思紛之感。此皆天人攸關之事，因天象而遂及夫人道之實例。故文言傳首言天人合德曰：「夫大人者，與天地合其德，與日月合其明，與四時合其序，與鬼神合其吉凶……」。萬物由天地而生，舉在天地覆載之內。故天人之德，若合符契。亦事理之自然。謙彖傳曰：「天道虧盈而益謙，地道變盈而流謙，鬼神害盈而福謙，人道惡盈而好謙。謙尊而光，卑而不可踰，君子之終也」。按天人皆以謙德爲歸趣，是其德行固同。以謙尊而光，故君子終身持守而不渝。而天人之合，固非勉強。以天人之理，本屬一致。傳於豐卦又曰：「日中則昃，月盈則食。天地盈虛，與時消息，而況於人乎……」。言人事亦有盈虛，所謂盛衰興替者是也。足見天人之理畢同。天人合德，爲當然之事，不容置疑者也。況天道本有利於人事。賁彖傳曰：「觀乎天文，以察時變；觀乎人文，以化成天下」。人文足以化成天下。此自人事。而察時變（天垂象，見吉凶。時變，自人事吉凶災祥之徵驗），亦爲人事。然藉以察之者，乃天文。是直人之用天道也。則知天人者，法天文以成人文，固爲有利於人之事耳。天人之理，又奚爲不足言？天人之學，至漢而大盛。漢儒莫不以此爲治學希聖之基，觀馬遷史記，上下貫穿二千餘年，識鑒品藻，永垂典範。而自敍作文之宗旨，則兩言以蔽之曰：「欲以究天人之際，通古今之變」而已。仲舒董生，西漢名儒，其上武帝賢良對策曰：「臣謹按春秋之中，視前世已行之事，以觀天人相與之際……」。其所標舉，惟在天人。足見天人之學，歷葉所重。而易則開其端而會其精微。於此固可以窺見先民思想之淵源，其所以拓啓光大吾中華文化者，自有所在。諸子言天人，多以易義爲宗，而其委曲詳盡，本枝兼顧，又每足以發明易義，其有裨於後世人文之教，當可概見矣。

1、知人必先知天

禮記中庸，哀公問政，子曰：「故君子不可以不脩身。思脩身不可以不事親。思事親不可以不知人。思知人不可以不知天」。

按知人之人，當指人道。上承事親句。人道莫大於親親。事親，事之本也。知人不可以不知天者，天人相關，人道事親爲大，善事父母爲孝。而孝經首曰：「夫孝，天之經也，地之義也，人之行也」。則孝已兼天人之理，知人而不知天可乎。

(1)、天以象告人

左昭十七年傳：「冬、有星孛於大辰、西及漢。申須（魯大夫）曰：彗、所以除舊布新也。天事恆象（注：天道恆以象類告人）。今除於火，火出必布焉，諸侯其有火災乎」。

天道恆以象告人。所謂天垂象，見吉凶，所以示人也（說文釋示字）。人知天象，方能趨吉而避凶，故人不可以不知天也。

(2)、天人相因

天人之學，本起於法天之思想。法象天道以立人紀。人紀因天道而修立；天道因人事而日章，此天人相因之義也。

左昭二十五年傳：「子太叔見趙簡子，簡子問揖讓周旋之禮焉。對曰：是儀也，非禮也。簡子曰：敢問何謂禮？對曰：吉也聞諸先大夫子產曰：夫禮、天之經也，地之義也，民之行也。天地之經，而民實則之。則天之明，因地之性。生其六氣，用其五行。氣為五味，發為五色，章為五聲，淫則昏亂，民失其性。是故為禮以奉之，為六畜五牲三犧，以奉五味，為九文六采五章，以奉五色，為九歌八風七音六律，以奉五聲，為君臣上下，以則地義，為夫婦外內，以經二物（注、夫治外，婦治內，各治其物），為父子兄弟，姑姊甥舅，昏媾姻亞，以象天明，為政事庸力行務，以從四時，為刑罰威獄，使民畏忌，以類其震曜殺戮（雷震電曜，天之威也。聖人作刑戮以象類之），為溫慈惠和，以效天之生殖長育……哀樂不失，乃能協於天人之性，是以長久。簡子曰：甚哉！禮之大也。對曰：禮、上下之紀、天地之經緯也。民之所以生也，是以先王尚之……」。

按右段傳文，子太叔本論禮，為天地之經，而民實則之。然天地之經，固天道也。是卽法天之事。禮統天經地義民行，則天人之理同。天人之事，一而已矣。傳曰：「是以長久」。又曰：「民之所以生也」。皆明由禮，法天之要義。曰則天、曰因地、曰則地利、曰象天明、曰從四時、曰以類其（天地）震曜殺戮，曰以效天之生殖長育。夫如此，乃能協於天地之性。皆明著法天之目。蓋天常人紀相因，人紀立而天常顯。人之不可以不知天也至明。

國語越語下，勾踐自吳反，問節事之道於范蠡，蠡對曰：「因陰陽之恆，順天地之常……死生因天地之刑（注：死、殺也，刑、法也。必因天地四時之法）。天因人；聖人因天。人自生之，天地形之（形、見也，見其吉凶之象），聖人因而成之……」。

傳曰：「天因人；聖人因天」。此天人相因之實例也。

(3)、天人相參

同篇：「又一年，王召范蠡而問焉……對曰：天應至矣，人事未盡也。王姑待之。王怒曰……吾與子言人事，子應我以天時。今天應至矣，子應我以人事，何也？范蠡對曰：王姑勿怪。夫人事，必將與天地相參，然後可以成功（注、參、三也。天地人事三合，乃可以成大功）」。

人事與天時參合，乃成功必具之要義。革彖傳曰：「湯武革命，順乎天而應乎人」。大告武成，卽斯之謂。

2、法天

法天之思想，起原至早

論語泰伯：「子曰：大哉！堯之爲君也。巍巍乎，唯天爲大，唯堯則之。蕩蕩乎！民無能名焉。巍巍乎，其有成功也，煥乎其有文章」。

孔子以天爲至大，非以其穹窿而高遠也，言天德之含宏廣大，無不覆幬也。美堯之大，在以其能法天德，博施而能濟衆，故其成功亦巍巍然，非後世所能幾及也。

孔子法天

禮記中庸：「仲尼祖述堯舜，憲章文武。上律天時，下襲水土」。

按「上律天時，下襲水土」。卽法天地之實際。朱注：「律天時者，法其自然之運，襲水土者，因其一定之理」。按天時，自然之律則（四時錯行，日月代明是也）也。以自然之律則爲律則，律天時之謂。豫彖傳：「天地以順動，故日月不過而四時不忒；聖人以順動，則刑罰淸而民服」。日月不過，四時不忒，此天時也。聖人以順動，卽律天時之謂。下襲水土，因地之利也。中庸本段下文總言天地之無不持載，無不覆幬，其德至大，爲孔子法天地之主因，與前條稱堯所以則天之意全同。聖人之行修德備，蓋資之深。故未有不法天地者

韓非子揚權篇：「若地若天，孰疏孰親（注、天無私覆，地無私載，故無疏無親也）？能象天地，是謂聖人（象天地之高厚而無私也）」。

至法天之理由

(1)、因天道以修人事

禮記孔子閒居：「孔子曰……天有四時，春秋冬夏，風雨霜露。無非敎也。地載神氣。神氣風霆，風霆流形，庶物露生。無非敎也（鄭注：無非敎者，皆人君所當奉行，以爲政敎）」。

右段自四時以至庶物露生，皆屬天道、人君當奉行以爲政敎、則是修人事也。因天道以修人事，法天也。人不僅法天以爲政敎，尤在有利於政敎之推行

孝經三才章：「子曰：夫孝、天之經也、地之義也，民之行也。天地之經而民是則之。則天之明，因地之利，以順天下。是以其敎不肅而成，其政不嚴而治」。

則天之明，因地之利，法天也。法天、則其敎不肅而成，其政不嚴而治。於政敎之推行，固有利矣！

觀象傳：「觀天之神道，而四時不忒。聖人以神道設敎而天下服矣」。神道、自是天道，卽四時不忒句可知，聖人以天道設敎而天下服，法天者、應天順民，民焉得不服。

而順時（律天時）施政之事，月令言之尤悉

禮記月令：「是月（孟春）也……命相（鄭注：相，謂三公相王之事也）布德和令（德謂善教也，令謂時禁也），行慶施惠，下及兆民……是月也，不可以稱兵，稱兵必天殃（不可逆生氣）……」。

孟春陽氣始盛，方天地生育萬物之際，王者則順時施以德惠之政，以長養民物。尤不可以舉兵。兵者凶事，多所殺傷。舉兵必有天殃，言逆天時，必受其禍也。

又

「是月（孟夏）也，繼長增高（謂草木盛，蕃廡）。毋有壞墮（許規反），毋起土功，毋伐大樹……」。

順孟夏萬物滋長之時，毋有毀壞，毋斬伐樹木。又

「是月（仲冬）也，可以罷官之無事，去器之無用者。塗闕廷門閭，築囹圄。此所以助天地之閉藏也（鄭注：順時氣也）」。

按月令上文曰：「天氣上騰，地氣下降，天地不通，閉塞而成冬」。冬爲天地閉藏靜息之時，譬之有所塗塈，順時令也。上述皆順時施政，王者步趨與天同也。

管子覇言第二十三：「覇王之形，象天則地（注：謂象天明，則地義），化人易代（美教化，移風俗），創制天下（與之更始），等列諸侯（列爵爲五），賓屬四海（賓禮四夷），時匡天下……」。

右言覇王之業，必須法象天地。自創制天下，等列諸侯，皆政理之設施，此亦因天道以修人事，惟此特人事之大者耳。

又審人所以法天地之故，人賴天地之資源以長以養

禮記禮運：「是故夫政，必本於天，殽（效也）以降命。命降於社之謂殽地，降於祖廟之謂仁義，降於山

川之謂興作……故聖人參於天地，並於鬼神，以治政也。處其所存，禮之序也。玩其所樂，民之治也。故天生時而地生財，人其父生而師教之。四者，君以正用之。故君者，立於無過之地也」。

天生時而地生財。人賴天地之資源固已，人離天地，其何由以生，故人之法天，亦自然之情耳。

(2)、因天象以斷人事

左襄二十八年傳：「二十八年春，無冰。梓愼曰：今茲，宋鄭其饑乎。歲在星紀而淫於玄枵（注：歲、歲星也。星紀在丑，斗牛之次，玄枵在子，虛危之次。十八年，晉董叔曰：天道多商西北。是歲，歲星在亥。至此年十一歲，故在星紀，明年，乃當在玄枵。今已在玄枵。淫行失次）。以有時菑，陰不堪陽（時菑，無冰也。盛陰用事而溫無冰。是陰不勝陽，地氣發洩）。蛇乘龍（蛇、玄武之宿，虛危之星。龍、歲星。歲星、木也。木爲青龍。失次出虛危下，爲蛇所乘）。龍、宋鄭之星也。宋鄭必饑。玄枵，虛中也。枵、耗名也。土虛而民耗。不饑何爲」？

魯大夫梓愼，見歲星淫行，越次而在玄枵，龍爲蛇星所乘。龍者、宋鄭之星。玄枵，虛耗之名，因斷定宋鄭今年必饑。此因天象以斷人事也。

(3)、法天與否、爲一國興衰成敗之關鍵

國語周語下，太子晉曰：「王亦無鑒於黎苗之王，下及夏商之季。上不象天，而下不儀地，中不和民，而方不順時，不共神祇（注：方，四方也，謂逆四時之令也），而蔑弃五則（蔑、滅也，則、法也。謂象天、儀地、和民、順時、共神也）。是以人夷其宗廟，而火焚其彝器。子孫爲隸。不夷於民。而亦未觀夫前哲令德之則。則此五者，而受天之豐福，饗民之勳力。子孫豐厚，令聞不忘。是皆天子（靈王）之所知也……」。

右言黎苗之王，與夏商之季，不知法天（象天儀地）。而宗廟毀夷，子孫爲隸。與法天之前哲令德，得受天之豐福者，迥然殊異。此古代直以法天與否，爲立國興亡之烱戒也。其重視可知。同篇又曰：「其在有虞，有崇伯鮌，播其淫心，稱遂共工之過，堯用殛之於羽山。其後伯禹，念前之非度，釐改制量，象物天地（注：取法天地之物象也。在天成象，在地成形也），此類百則（類亦象也），儀之於民（儀准也），而度之於群生……夫亡者，豈繄無寵？皆黃炎之後也。唯不帥天地之度，不順四時之序，不度民神之義（義、宜也），不儀生物之則（儀、准也），以殄滅無胤，至於今不祀。及其得之也，必有忠信之心閒之（以忠信之心，代其慆淫也），度於天地而順於時動（順四時之令而動），和於民神而儀於物則。故高朗令終，顯融昭明，命姓受氏，而附之以令名。若啓先王之遺訓，省其曲圖刑法，而觀其廢興者，皆可知也」。

傳言亡國之君，唯不知法天（不帥天地之度，不順四時之序），故絕其禋祀。而得天下者，能法天自修（度於天地而順於時動），故高朗令終，享有令聞。斯二者，有先王之遺訓可稽，觀其廢興之由（法天與否），舉可以知。

3、通合天人

(1)、天人相合之津梁

①、自爲學始

荀子性惡篇：「今使塗之人，伏術爲學，專心一志，思索孰察，加日縣久，積善而不息。則通於神明，參於天地矣」。

按「通於神明，參於天地」。是天人相合矣。揆其本，當自爲學始。故曰：「伏術爲學」。蓋合天人，其操之在人，爲之亦在乎人。人能孜孜於學，積善而不息，則可以通於神明參於天地。循其途徑（自爲學始），於斯爲切近耳。

②、盡心

孟子盡心：「孟子曰：盡其心者，知其性也。知其性，則知天矣」。

人受性於天，性天一理。由盡心知性以知天，足見性與天有關，人與天亦有關。盡心、盡其在我。孟子謂凡有四端（公孫丑：惻隱之心，仁之端也；羞惡之心，義之端也；辭讓之心，禮之端也；是非之心，智之端也）於我者，知皆擴而充之矣。盡心之謂也。

③、達天德

禮記中庸：「唯天下至誠，爲能經綸天下之大經，立天下之大本，知天地之化育。夫焉有所倚？肫肫其仁，淵淵其淵，浩浩其天。苟不固聰明聖知，達天德者，其孰能知之」？

按至誠可以知天地之化育。直言天人之事。天道、誠而已矣。然誠之者，人也（中庸）。化育、天也。天者、浩浩之謂。浩浩，但名其德之廣大云爾。能知之者，必爲達天德之人。則達天德，即天人相合之津梁矣。

④、以天合天

莊子達生：「梓慶削木爲鐻（李頤曰：梓慶、魯大匠。梓、官名。慶、其名也。司馬彪曰、鐻、樂器），鐻成，見者驚猶鬼神（郭象曰，不似人所作）。魯侯見而問焉。曰：子何術以爲焉？對曰：臣工人，何術之有？雖然，有一焉。臣將爲鐻，未嘗敢以耗氣也。必齊以靜心，齊三日，而不敢懷慶賞爵祿。齊五日，不敢懷非譽巧拙。齊七日，輒然忘吾有四枝形體也。當是時也，無公朝（郭象曰：視公朝若無，則跂慕之心絕矣）。其巧專而外骨（本亦作滑）消（成玄瑛曰：滑、亂也）。然後入山林，觀天性。形軀至矣，然後成見（賢遍反）鐻，然後加手焉。不然，則已。則以天合天（郭象曰：不離其自然也）。器之所以疑神者，其是與」。

梓慶爲鐻，先靜其心，不懷慶賞爵祿，非譽巧拙。忘其形體，消其外滑。如是，已忘物我，則人而天矣。天者，純眞自然之謂。所合之天，乃木之天性，而自然純理性之天，當不外是。蓋其神全而巧專，故鐻成而驚人。是以天合天，亦天人相合之津梁也。

(2)、天人相合之管籥

①、天人之合在心

禮記祭義：「君子曰：禮樂不可斯須去身。致樂以治心，則易直子諒之心，油然生矣。易直子諒之心生則樂，樂則安，安則久，久則天，天則神。天則不言而信，神則不怒而威，致樂以治心者也」。

記言致樂以治心：樂記曰：「大樂與天地同和」。又曰：「樂也者，天地之和也」。則樂之極致，固與天同德。聞樂而樂。由人心之樂而安，而久，而天。主乎一心。故天人之合在心。心安樂，則得其天。天者，中和眞誠之心境也。

祭統：「是故君子非有大事也……則不齊。不齊，則於物無防也，耆欲無止也。及其將齊也，防其邪物，訖其耆欲……心不苟慮，必依於道……是故君子之齊也，專致其精明之德也……齊者精明之至也，然後可以交於神明也」。

記曰：「齊者，精明（此心精明）之至也」。欲致其精明，首宜去耆欲。所謂心不苟慮，必依於道。如是而後此心精明（按卽心德全），則可與神明交，可與天地通矣。又按人必與天地通合爲一者，以人之純眞，默契於大自然之妙境。以自然界含宏廣大之度，爲吾人之器宇。此夫人法天之極則也。

荀子亦論心德之光大，可以明參日月

荀子解蔽篇：「故治之要，在於知道。人何以知道？曰心……虛壹而靜……虛壹而靜，謂之大清明……疏觀萬物而知其情……經緯天地而材官萬物，制割大理，而宇宙裏矣……孰知其德，明參日月，大滿八極………心者，形之君也，而神明之主也……故道經曰：人心之危，道心之微。危微之幾，唯明君子而後能知之……故人心譬如槃水……湛濁在下，而清明在上……故導之以理，養之以清，則足以定是非，決嫌疑矣」。

按右段亦明心德與天德相通之義。兼申繫傳寂然不動，感而遂通天下之故之理。寂然不動者，虛壹而靜之謂也。此際，心如槃水，湛濁在下，而清明在上。故可以疏觀萬物而知其情。明參日月，大滿八極。無微不燭，無遠弗屆矣。卽申繫傳所謂「感而遂通天下之故」之義。荀子謂洞察萬物之情，經緯天地，制割大理者，蓋人心清明之時，心德全而天德自通。故曰：「孰知其德」。言心德至光大也。又曰：「心者，形之君也，而神明之主也」。卽心德全備，可以通於神明（心之神明）。此道心之微也。未能虛壹而靜，則人心之危也。危微之幾（卽心德、天德密契之幾），操之在我。但養之而已。養之之方。則曰：「導之以理，養之以清」。又危微之幾，亦卽湛濁清明之候。此亦平實可爲之工夫。而達天德，則可以定是非，決嫌疑。何蔽之足云。又按荀子喜言心術，勸學篇曰：「積善成德，而神明自得，聖心備焉」。彼言聖心，與此言道心義同。積善成德，所謂導之以理。乃平日之涵養，故可以見心之神明而無不感通，此心之全體大用也。

管子亦言心虛靜則神明通而無物不燭

管子心術上第三十六：「心之在體，君之位也……心術者，無爲而制竅者也……虛之與人也無間，唯聖人得虛道……去欲則宣，宣則靜矣。靜則精，精則獨立矣。獨則明，明則神矣。神者、至貴者也。故館不辟除，則貴人不舍焉。故曰不潔，則神不處……虛者、無藏也……天之道，虛其無形。虛則不屈。無形，則無所位迕。無所位迕，故徧流萬物而不變……故物至則應，過則舍矣。舍矣者，言復所於虛也」。心居君位。荀子以心爲天君。其重視心術均同。管子謂心之得位在乎虛，虛則靜，靜則獨立而神明通。致靜之方爲去欲。去欲則虛。故曰：虛者無藏也。此與荀子論心德，自虛一而靜，以躋於大清明之理正同，而以神明爲至貴。

管子於心術下篇，又推論心致虛靜之效

曰：「無以物亂官，毋以官亂心，此之謂內德……能專乎，能一乎，能無卜筮而知吉凶乎……故曰思之思之，不得，鬼神教之，非鬼神之力也，其精氣之極也……大清者，視乎大明。正靜不失，日新其德。昭知天下，通乎四極……」。

此極言心德之效能。精氣專一之至，方其運思，若有鬼神之爲助。此非鬼神，乃精氣（心之神明）之所致，故能通乎四極。而毋以物亂，又爲入手之工夫也。呂覽繼論精氣，以爲人物之靈秀，皆精氣之所鍾，精氣在人，則爲心之神明。

呂氏春秋季春紀第三：「故凡養生，莫若知本。知本，則疾無由至矣。精氣之集也，必有入也。集於羽鳥與，爲飛揚。集於走獸與，爲流行。集於珠玉與，爲精朗。集於樹木與，爲茂長。集於聖人與，爲夐明（注，集，成也。夐，大也，遠也）……」。

精氣鍾於物，則各成其技巧，其在聖人，則爲夐明，夐明，卽聰明睿知之謂，蓋心之神明也。

呂氏又於審分覽證釋人心之有睿知

審分覽君守：「二曰得道者必靜，靜乃無知。知乃無知，可以言君道也。故曰中欲不出謂之扃，外欲不入謂之閉。旣扃而又閉。天之用密。有准不以平，有繩不以正。天之大靜，旣靜而又寧，可以爲天下正。身以盛心，心以盛智。智乎，深藏而實，莫得窺乎！鴻範曰：惟天陰騭下民，陰之者，所以發之也。故曰：不出於戶而知天下。不窺於牖而知天道……」。

呂氏謂：「心以盛智」。智藏乎心，則是心有睿智也（由不出戶而知天下，不窺牖而知天道二句可知）。苟使心無欲，則靜密而天，至於無所不知，而其用宏矣。

②、天其心

莊子田子方篇：「田子方侍坐於魏文侯（李頤曰：田子方，魏文侯師，名無擇），數稱谿工。文侯曰：谿工，子之師邪？子方曰：非也。無擇之里人也。稱道數當，故無擇稱之。文侯曰：然，則子無師邪？子方曰有。曰：子之師，誰邪？子方曰：東郭順子。文侯曰，然。則夫子何故未嘗稱之？子方曰：其爲人也，眞。人貌而天虛（俞樾曰：淮南注：虛，心也。人貌天虛，相對成義）。緣而葆眞（成元英曰：緣，順也），清而容物。物無道，正容以悟之，使人之意也消。無擇何足以稱之……」。

莊子曰：「人貌而天虛」。虛、心也，愈說是，心居中虛。又曰：「緣而葆眞」。順人情而存其天眞，所謂天眞爛漫是也。人存其天眞（保其眞誠），則天心自見。所謂天其心也。天其心，自與天合矣。

③、忘形

列子仲尼第四：「子列子曰：得意者無言，進知者亦無言……子列子學也，三年之後，心不敢念是非，口不敢言利害……五年之後，心更念是非，口更言利害……七年之後，從心之所念，更無是非。從口之所言，更無利害……九年之後，橫心之所念，橫口之所言，亦不知我之是非利害歟，亦不知彼之是非利害歟，外內進（進音盡）矣。而後眼如耳，耳如鼻，鼻如口，口無不同，心凝形釋，骨肉都融。不覺形之所倚，足之所履，心之所念，言之所藏。如斯而已。則理無所隱矣」。

列子右段，總言心凝形忘，則於理，無所不知。人之大患，在有其身，一切為此設想，紛紛擾擾，焉有寧日？苟並此身而忘之，尚何有於他？此所謂忘己喪我，至於骨肉都融。則天君常在矣。故曰心凝。夫然後其心得凝，於是清明在躬，氣志如神。於理有何不可知。故曰：「理無所隱矣」。

④、形全精復

莊子達生：「夫欲免為形者，莫如棄世……棄世則形不勞，遺生則精不虧。夫形全精復，與天為一。天地者，萬物之父母也。合則成體，散則成始。形精不虧，是謂能移（郭注：與化俱也），精而又精，反以相天（陸長庚曰：相天猶中庸言贊化）」。

前言忘形，而此曰形全，非相迕也。忘形，在待人接物時，不重視小我之存在。形全者，莊子謂不勞其形也。如是，而形方全。「形全精復，與天爲一」。方可言天人之合。史記太史公自序：「凡人所生者，神也。所託者，形也。神大用則竭，形大勞則敝。形神離則死……神者，生之本也；形者，生之具也」。又曰：「形神騷動，欲與天地長久，非所聞也」。史公彼文全用道家旨意，欲人嗇愛神形。故與莊子本段所言「形全精復」之義正合。質言之，形全精復者，身體康強，精神完好也。如是，則神足而心志精明，乃能與天爲一，而可以贊天地之化育。故曰：「反以相天」。

⑤、其幾在誠

禮記中庸：「誠者、天之道也。誠之者、人之道也。誠者、不勉而中，不思而得，從容中道，聖人也。誠之者、擇善而固執之者也。

按誠爲天道（天道至誠无息），致其誠，人之道也。故天人之合，其幾唯在一誠字。聖人體天德，故聖人能誠，從容中道，天性使然。誠之者，學以致之，所謂自明誠謂之教者也。又曰：「唯天下至誠，爲能盡其性。能盡其性，則能盡人之性。能盡人之性，則能盡物之性。能盡物之性，則可以贊天地之化育。可以贊天地之化育，則可以與天地參矣」。

右段亦言天人之幾在誠。通天人之幾在盡性。自盡性以至贊天地之化育，則天人爲一矣。

⑥、精誠感通

同篇又曰：「至誠之道，可以前知。國家將興，必有禎祥。國家將亡，必有妖孽。見乎蓍龜，動乎四體。禍福將至，善，必先知之，不善，必先知之。故至誠如神」。

右段謂至誠前知，如興亡禍福，由蓍龜可見，由四體可知。蓍龜主決吉凶，自可前知。而動乎四體，乃在人身，此則精誠之至，應感而通，繫傳所謂寂然不動，感而遂通天下之故也。則感通之事，由精誠以致之也。

孟子離婁上：「是故誠者，天之道也。思誠者，人之道也。至誠而不動者，未之有也。不誠，未有能動者也」。

孟子言至誠（精誠）則能感動。所感動者，當爲人物。亦係感通之事。

孝經感應章：「孝悌之至，通於神明，光於四海，無所不通」。

此至德之感通。至德、精誠之所發，有諸內必形諸外，故可以通於神明也。

荀子不苟篇：「公生明，偏生闇。端慤生通，詐僞生塞。誠信生神……」。

按「誠信生神」句，與勸學篇：「積善成德，而神明自得，聖心備焉」義同。神卽神明。神明通，則應感而無不通矣。又致仕篇：「得衆動天，美意延年，誠信如神……」。誠信如神，與中庸「故至誠如神」一義，皆精誠感通之類。

呂覽謂人全其天，則精誠可通於天地

呂氏春秋孟春紀：「故聖人之制萬物也，以全其天也（按謂精神完全）。天全，則神和矣，目明矣，耳聰矣，鼻臭矣，口敏矣，三百六十節，皆通利矣。若此人者，不言而信，不謀而當，不慮而得。精通乎天地，神覆乎宇宙。其於物，無不受也，無不裹也，若天地然」。

按人全其天（精神完足），則神和而耳目聰明，精誠通於天地。若天地之無不含容，無不知悉，故曰：「若天地然」。

天人之際，精誠可通，其關鍵唯在精誠而已

審應覽具備：「三月嬰兒，軒冕在前，弗知欲也。斧鉞在後，弗知惡也。慈母之愛諭焉，誠也。故誠有誠，乃合於精。精有精（按猶言誠有精），乃通於天。乃通於天水（五字疑誤衍）。木石之性，皆可動也，又況於有血氣者乎」？

苟有精誠，雖木石可通，況有血氣之人乎？極言精誠通天，並非虛語也。

(3)、天人相合之方

①、養心

莊子庚桑楚：「徹志之勃（王敔曰：徹與撤同。勃、本又作悖），解心之謬，去德之累，達道之塞。貴富顯嚴名利六者，勃志也。容動色理氣意六者，謬心也。惡欲喜怒哀樂六者，累德也。去就取與知能六者，塞道也。此四六者，不盪胸中則正，正則靜，靜則明，明則虛。虛則無為而無不為也（姚鼐曰：此段盡戒定慧之義）」。

按天人相合之關鍵在心。已詳前節。去心之蔽塞，使心境正靜明虛。則無為而無不為。無為者，寂然不動也。而無不為者，應感而通天下之故。則知人知天，舉在此心，天人相合不難矣。荀子解蔽篇言人心虛壹而靜，謂之大清明。可以明參日月，制割大理（引見前節）。即以養心為合之方。莊子本段雖未明言天人，然論養心與荀子正同，合天人，必由是心始也。

②、盡性

禮記中庸：「唯天下至誠，為能盡其性。能盡其性，則能盡人之性。能盡人之性，則能盡物之性。能盡物之性，則可以贊天地之化育。可以贊天地之化育，則可以與天地參矣」。

按自盡其性，以盡人之性，物之性，則可以贊天地之化育。贊天地之化育，與天地同德也。要皆以盡性爲其方。是盡性爲合天人之方，明矣。

③、去着欲

莊子大宗師：「知天之所爲，知人之所爲者，至矣……且有眞人，而後有眞知……古之眞人，其寢不夢，其覺無憂，其食不甘，其息深深。眞人之息以踵，衆人之息以喉。屈服者，其嗌言若哇。其耆欲深者，其天機淺。古之眞人，不知說生，不知惡生。其出不訢，其入不距（吳澄曰、老子云、出生入死）……是之謂不以心捐道（王叔岷曰、史記賈誼傳索隱引作損，與助相對而言，朱桂曜曰，猶言不以心害道也），不以人助天，是之謂眞人……」。

莊子本段言天人相契之事。首二句：「知天之所爲，知人之所爲者，至矣」。以知人知天爲至（極佳）可知。莊子所貴者，眞人。謂其寢不夢，其覺無憂，其食不甘。蓋眞人之能忘着欲也。衆人之着欲深，故其天機淺（着欲滑亂之耳）。然欲天機之深，必去着欲耳。又謂眞人，不知說生，不知惡死。是其能外死生也。死生且能外之，其他物欲，又何足亂？如此，其心恬適和粹，自能達夫天德。故去着欲，爲合天人之一方也。

④、致虛靜

莊子天道篇：「天道運而無所積，故萬物成。帝道運而無所積，故天下歸。聖道運而無所積，故海內服。明於天，通於聖，六通四辟於帝王之德者，其自爲也，昧然無不靜者矣（宣穎曰，首從運處說靜，莊子之學，非寂滅者比）。聖人之靜也，非曰靜也善，故靜也。萬物無足以鐃心者，故靜也。水靜則明燭鬚眉，平中準，大匠取法焉。水靜猶明，而況精神，聖人之心靜乎！天地之鑒也，萬物之鏡也。夫虛靜恬淡，寂漠無爲者，天地之平，而道德之至（王念孫曰：漢書注、至、實也）……虛則靜，靜則動，動則得矣……靜而聖，動而王，無爲也而尊，樸素而天下莫能與之爭矣。夫明白於天地之德者，此之謂大本大宗，與天和者也……」。

天道篇首卽言靜。謂明於天，通於聖，辟於帝王之德者，其自爲也，無不靜。曰明於天，通於聖。則天人均有靜之一德。次言聖人之心靜，靜則無不察知，有如明鏡然。又以虛靜爲天地之平，道德之至。則虛靜爲天地之德也。後文承上虛靜恬淡而曰夫明白於天地之德者，此之謂大本大宗，與天和者也。言天人之德均以虛靜爲本宗。刻意篇曰：「虛無恬淡，乃合天德。」亦足證知。故虛靜爲合天人之一方。此仍主心而言。與前條莊子論養心，而以心之明虛爲極致之義相足。前曰明虛，此曰虛靜，皆自人心立言也。

⑤、養神

刻意篇：「其寢不夢，其覺無憂……虛無恬淡，乃合天德……故曰純粹而不雜，靜一而不變。淡而無爲，動而以天行（武延緒曰，以字衍）。此養神之道也。夫有干越之劍者，柙而藏之，不敢用也，寶之至也。精神四達竝流（奚侗曰，竝，讀爲旁），無所不極。上際於天，下蟠於地。化育萬物，不可爲象。其名爲同帝。純素之道，唯神是守。守而勿失，與神爲一。一之精通（武延緒曰，疑當作通精），合於天倫（馬其昶曰，詩傳，倫，道也）。野語有之曰：衆人重利，廉士重名。賢士尚志，聖人貴精。故素也者，謂其無所與雜也。純也者，謂其不虧其神也。能體純素，謂之眞人」。

養神之道，唯在純素。寶而愛之，專守勿失而已。守之者，神不紛馳（純粹不雜），亦不妄動（靜一不變）。皆不使其太勞。蓋神太用則竭。竭，是爲虧其神。故曰：「純也者，謂不虧其神也」。神不紛馳，亦不妄動，若是，則精神完足，與神爲一，謂通於神明也。是之謂與天同德，故曰：「合於天倫」。

4、通合天人之理據

(1)、天人一體

禮記禮運：「故人者，其天地之德，陰陽之交，鬼神之會，五行之秀氣也……故人者，天地之心也，五行之端也，食味別聲被色而生者也」。

按天人本爲一體。天人一體之論，此爲切至。記曰：「人者，其天地之德」。則明言天人之同德。何則？天地之大德曰生。人受生氣以生，故秉仁厚之質。生仁一義，說見上章。又曰：「人者，天地之心也」。一體之義，尤爲明洽。心居中虛，而在體之中也。人爲天地之心者，天心至仁，天地溫厚生物之氣，謂之仁氣（說見上節）。人秉性於天，而其心亦富仁德。孟子曰：「仁義禮智根於心」。又曰：「仁，人心也」（俱引見上節）可證。又天地誠有心乎？復彖傳曰：「反復其道，七日來復，天行也。利有攸往，剛長也。復其見天地之心乎」。一陽復於下，乃天地生物之心（易程傳）足見天地有心，卽天地生物之心也。而人心之仁，由此而來。以道言，天道人道，亦爲一體。中庸：「誠者，天之道也。誠之者，人之道也」。天人之道，儘此一誠可見。說卦傳：「立天之道，曰陰與陽；立地之道，曰柔與剛；立人之道，曰仁與義」。陰陽剛柔，在易固爲一物。而人道之仁義，亦屬天德。天地溫厚生物之氣，謂之仁氣；天地嚴凝成物之氣，謂之義氣（引見上節）。是天地自有仁義之氣。天人之相同也如是。荀子禮論：「禮有三本，天地者，生之本也」。人生自天地，如本之有枝，本枝有不爲一體之理？

中庸：「君子之道費而隱。夫婦之愚，可以與知焉。及其至也，雖聖人亦有所不知焉。夫婦之不肖，可以能行焉。及其至也，雖聖人亦有所不能焉。天地之大也，人猶有所憾。故君子語大，天下莫能載焉，語小，天下莫能破焉。詩云鳶飛戾天，魚躍於淵，言其上下察也（鄭注，察猶著也……是其著明於天地）。君子之道，造端乎夫婦，及其至也，察乎天地」。

右段言道通天人。明天人之爲一體。由夫婦之能知能行，以至明著於天地之間者皆是。夫婦之愚，能孝能弟。孟子，孩提之童，無不知愛其親也，及其長也，無不知敬其兄也（盡心）是。此孝弟之德，盡人能知能行。而孝經曰：「孝悌之至，通於神明」。人道之易知易行，固如上述。然及其至也，則與天道相通，而融爲一體。故孝經又曰：「夫孝，天之經也，地之義也，民之行也」。足見人道天道之通合爲一也。

繫上第五：「一陰一陽之謂道。繼之者善也，成之者性也。仁者見之謂之仁，知者見之謂之知。百姓日用而不知……」。一陰一陽之道，爲天道。繼善成性之在人者曰仁曰智，則人道也，人道源於天道，則天人之相通，固已。

管子樞言第十二：「管子曰：道之在天者，日也；其在人者，心也。故曰：有氣則生，無氣則死。生者以其氣……」。

按管子言道通天人，以氣爲之樞。天人統此一氣。道在天爲日星，在人，爲人心。人其天地之心。人稟天地陰陽之氣以生。陰陽日星，亦天地之氣所生。禮記禮運曰：「天秉陽，垂日星；地秉陰，竅於山川……」是也。惟此氣在天曰元氣，曰陰陽之氣。於人，爲呼吸之氣。養之則爲浩然之氣，又彌漫於兩間，而復其始。故管子謂以氣爲之樞也。

(2)、天人一理

禮記大傳：「聖人南面而治天下，必自人道始矣。立權度量，考文章，改正朔，易服色，殊徽號，異器械，別衣服，此其所得與民變革者也。其不可得變革者，則有矣。親親也，尊尊也，長長也。男女有別，此其不可得與民變革者也」。

按天人之理同。人道有變易不變易之理。天道亦然。易有三義，簡易，變易，不易。變易者，一陰一陽，一闔一闢謂之變（說見上節）夏冬二至之陰陽爭（月令），剝彖傳：「剝，剝也，柔變剛也」。柔變剛，陰消陽也，陰長陽消，時令變矣，此其變也。不易者、道。乾元一氣，流行化育，品物繁茂。恆彖傳曰：「天地之道，恆久而不已也」。此其不易也，是天人之理同也。

中庸：「故君子之道本諸身，徵諸庶民，考諸三王而不謬，建諸天地而不悖，質諸鬼神而無疑，百世以俟聖人而不惑。質諸鬼神而無疑，知天也。百世以俟聖人而不惑，知人也」。

右言天人之理一，君子之道，人生日用之理也。自本身以及人衆，無不可施。更與天地不相違悖，言不逆天理也。建諸天地而不悖。則天人之理一而已矣。故以知天知人二語爲結。

列子言天人之相感通，以天人之理同

列子周穆王篇：「不識感變之所起者，事至則惑其所由然。識感變之所起者，事至則知其所由然。知其所由然，則無所怛。一體之盈虛消息，皆通於天地，應於物類。故陰氣壯，則夢涉大水而恐懼。陽氣壯，則夢涉大火而燔焫。陰陽俱壯，則夢生殺……」。

按人體之有盈虛消息，天道亦然，是天人之理同，故得相感通，曰：「皆通於天地，應於物類」是也。

呂覽謂人天一理，爲人必法天之主因

呂氏春秋仲春紀：「秋早寒，則冬必煗矣。春多雨，則夏必旱矣。天地不能兩，而況於人類乎！人之與天地也同。萬物之形雖異，其情一體也。故古之治身與天下者，必法天地也」。

按呂氏曰：「天地不能兩」。謂天地不能兩盛也。故曰：「秋早寒，則冬必煗矣。春多雨，則夏必旱矣」。人道亦然，不能兩盛。此盛則彼衰，此消則彼長。是天人之理一，故曰：「人之與天地也同」。言天人同具此理也。天人之理同，故曰：「故古之治身與天下者，必法天地也」。此兼明古人效法天地之原因。足見天人之學，自昔重之也。

左氏謂人事之有盛衰，亦猶天道之有隆替，蓋堅信天人之理爲一

左昭三十二年傳：「己未，公薨……趙簡子問於史墨曰：季氏出其君而民服焉，諸侯與之。君死於外，而莫之或罪也？對曰：物生有兩……天生季氏，以貳魯侯，爲日久矣……雖死於外，其誰矜之！社稷無常奉；君臣無常位，自古已然。故詩曰：高岸爲谷，深谷爲陵（詩小雅，言高下有變易）。三后之姓，於今爲庶，王所知也。在易卦，雷乘乾曰大壯 ☳☰（乾下震上），天之道也……」。

按傳言人事盛衰，猶天道之有隆替。以釋季氏逐昭公而人莫之罪也。曰：「君臣無常位」。言君臣之位，有變動之時，卽臣盛則君必衰，天生季氏，所以貳魯侯。此天道之常。故舉大壯卦雷之乘乾以證之。乾爲天，至高無上，而雷反乘（下陵其上曰乘）之。見高下無定位，隆替無常勢也。由知左氏蓋堅信天人一理，爲不可更易之也。

(3)、聖人德參天地

禮記中庸：「唯天下至聖，爲能聰明睿知，足以有臨也。寬裕溫柔，足以有容也。發強剛毅，足以有執也。齊莊中正，足以有敬也。文理密察，足以有別也。溥博淵泉，而時出之。溥博如天，淵泉如淵。見而民莫不敬，言而民莫不信，行而民莫不說。是以聲名洋溢乎中國，施及蠻貊。舟車所至，人力所通，天之所覆，地之所載，日月所照，霜露所隊。凡有血氣者，莫不尊親。故曰配天」。

右言聖人之德至矣。自聰明睿知以至於文理密察皆是。溥博淵泉，而時出之。所謂和順積中，而英華發外。故有如天如淵之高深。使萬民莫不敬信說服。其德之盛大以及其感應之深切如是，故曰配天。言其德與天地相參也。聖人德參天地。知天人之理，初無二致也。

(4)、天人合一之境

莊子大宗師：「顏回曰：回益矣。仲尼曰：何謂也？曰：回忘仁義矣。曰，可矣，猶未也。它日，復見。曰，回益矣。曰，何謂也？曰：回忘禮樂矣。曰、可矣，猶未也。它日，復見。曰、回益矣。曰、何謂也？曰、回坐忘矣（司馬彪曰：坐而自忘其身。曾國藩曰：無故而忘，曰坐忘）。仲尼蹴然曰：何謂坐忘？顏回曰：墮枝體，黜聰明，離形去知，同於大通（奚侗曰，大，淮南道應訓作化）。此謂坐忘。仲尼曰：

同則無好者，化則無常也。而果其賢乎，丘也，請從而後也」。

按坐忘，即忘物我也。自禮樂仁義之忘，忘物，忘我。至此而物我皆忘，離形去知，則無物我之累，而心體瑩徹光明，自與道通。此天人冥合之境界，故曰：「同於大通」。

天地篇：「丘，予告若，而所不能聞，與而所不能言。凡有首有趾，無心無耳者衆。有形者與無形無狀而皆存者盡無。其動止也，其死生也，其廢起也，此又非其所以也。有治在人。忘乎物，忘乎天，其名爲忘己。忘己之人，是之謂入於天」。

此段又以忘乎物，忘乎天，而後名之爲忘己。忘己之人，乃可以入於天。入於天，即天人合一之境。以「忘乎天」一事，納入忘己之內者，蓋有志於天，猶爲有心之人。未能忘物（天亦物耳）。故須並天而忘之。乃能物我俱忘，而入於天矣。本篇又曰：「子貢南遊於楚，反於晉，過漢陰，見一丈人，方將爲圃畦，鑿隧而入井，抱甕而出灌，搰搰然，用力甚多，而見功寡。子貢曰：有械於此，一日浸百畦。用力甚寡而見功多，夫子不欲乎？爲圃者卬而視之曰：奈何？曰：鑿木爲機，後重前輕，挈水若抽，數如泆湯（李頤曰，疾速如湯沸溢也），其名爲槔。爲圃者忿然作色而笑曰：吾聞之吾師，有機械者必有機事，有機事者必有機心。機心存於胸中，則純白不備。純白不備，則神生不定（吳汝綸曰，生讀爲性）。神生不定者，道之所不載也。吾非不知，羞而不爲也」。

本段仍繼上文言天人之事，以事例之，而示人以簡易之方。蓋謂欲合天人，當去機心（機巧有爲）。去機心，則純白備（心德全），而神全性定，與道爲一，天人自合矣。

刻意篇：「若夫不刻意而高，無仁義而修，無功名而治，無江海而閒，不道引而壽。無不忘也，無不有也。澹然無極，而衆美從之。此天地之道，聖人之德也。故曰：夫恬惔寂漠，虛無無爲，此天地之平，而道德之質也……其寢不夢，其覺無憂。其神純粹，其魂不罷。虛無恬惔，乃合天德。故曰，悲樂者，德之邪。喜怒者，道之過。好惡者，德之失。故心不憂樂，德之至也。一而不變，靜之至也。無所於忤，虛之至也。不與物交，淡之至也。無所於逆，粹之至也。故曰：形勞而不休，則弊。精用而不已，則勞。勞則竭。水之性，不雜則清，莫動則平。鬱閉而不流，亦不能清，天德之象也（武延緒曰，天，疑失字譌）……」。

本段言天德之象。首曰：「此天地之道，聖人之德」。仍論天人相合之事。聖人之德與天地之道同，卽天人合德也。天德爲何？曰：「虛無恬淡而已，故曰：「虛無恬淡，乃合天德」。自「一而不變，靜之至也」二句以下，曰靜，曰虛，曰淡，曰粹。皆承上文虛無恬淡而言。是虛無恬淡，天德之象也。「天德之象也」句下，武延緒曰：天疑失字譌。武氏謂此句當作失德之象也。信若此，則失德之德字，仍對天德而言，謂天德流通而清瑩，否則失德。故謂本段主明天德之象。與前條言忘物我，皆卽人心而論。莊子善言天，論天人之義，以莊子爲多而精至。荀子斥莊子蔽於天而不知人（解蔽篇），則莊生之善言天，信而有徵矣。

5、天人、以人爲主宰

禮記樂記：「天高地下，萬物散殊，而禮制行矣。流而不息，合同而化，而樂興焉……故聖人作樂以應天；制禮以配地。禮樂明備，天地官矣（鄭注，官猶事也，各得其事）」。

記曰：「聖人作樂以應天，制禮以配地」。應天配地，法天之事也。制禮作樂，聖人之行，人事也。故言天人，自以人爲主宰也。聖人法天以制作，而主動在人。天地因人而各得其所事，天道豈遠人乎？

荀子天論：「天有其時，地有其財，人有其治。夫是之謂能參。舍其所以參，而願其參，則惑矣」。

荀子謂人治參於天地。三才以人爲主。人治能參與天地之功也。曰：「舍其所以參」。所以參者，言人自具參功天地之才能，不宜妄自菲薄也。

觀象傳曰：「觀天之神道，而四時不忒。聖人以神道設教，而天下服矣」。神道卽天道。由四時不忒句可知。聖人用天道設敎而天下服，用之者在人，故天人，以人爲主宰也。

管子覇言：「夫先王之爭天下也以方心。其立之也以整齊，其理之也以平易。立政出令，用人道。施爵祿，用地道。擧大事，用天道……」。

按天地之道，唯人所用。譬若物類之雜陳於前，隨心所欲而擇用之，其以人爲主宰之意至明。

又天人合德之主宰於人者，人之精神與天地通合而已

呂氏春秋審分覽勿躬：「是故聖王之德，融乎若日之始出，極燭六合，而無所窮屈。昭乎若日之光，變化萬物，而無所不行。神合乎太一，生無所屈，而意不可障；精通乎鬼神，深微玄妙，而莫見其形。今日南面，百邪自正……」。

按太一者，道之別名，道固天地之道也。鬼神者，造化之功能。天地之所以化育也。太一，鬼神，皆卽天地而言。曰：「神合乎太一，精通乎鬼神」。是聖王之精神與天地相通合也。前言「極燭六合，

變化萬物」。直與天地同德，故其精神自與天地通合耳。

論語憲問：「子曰：莫我知也夫。子貢曰：何爲其莫知子也？子曰：不怨天，不尤人。下學而上達。知我者，其天乎」。

朱註：「程子曰：蓋凡下學人事，便是上達天理」。按人事盡則天理得（樂記：人生而靜，天之性也。感於物而動，性之欲也。物至知知，然後好惡形焉。好惡無節於內，知誘於外，不能反躬，天理滅矣）。不待天知，而自亦知之矣。故曰：「知我者其天乎」。孟子盡心：「孟子曰：盡其心者，知其性也。知其性，則知天矣」。知性爲盡己。知天爲自得。此天人合德之事也。天人合德，主乎一心，自下學始。所謂極高明而道中庸。何難之有。

十二、政教

周易經文至約，不及政教。惟彖象傳則屢言之，而象傳涉及尤多，臨象曰：「澤上有地臨，君子以教思无窮，容保民无疆」。此兼言政教也。蠱象曰：「山下有風蠱，君子以振民育德」。觀象曰：「風行地上觀，先王以省方觀民設教」。此有關於政教也。其言修省者尤多。乾象曰：「天行健，君子以自強不息」。坤象曰：「地勢坤，君子以厚德載物」。遯象曰：「天下有山遯，君子以遠小人，不惡而嚴」。大畜象曰：「天在山中大畜，君子以多識前言往行以畜其德」。震象曰：「洊雷震，君子以恐懼修省」。六十四卦之大象，太半有君子以者，皆法天修己之事，無一不足以昭示後來也。

1、德治

孟子滕文公：「后稷教民稼穡，樹藝五穀。五穀熟而民人育。人之有道也，飽食煖衣，逸居而無教，則近於禽獸。聖人有憂之，使契爲司徒，教以人倫。父子有親，君臣有義，夫婦有別，長幼有序，朋友有信。放勳曰：勞之，來之，匡之，直之，輔之，翼之，使自得之。又從而振德之。聖人之憂民如此，而暇耕乎」。

孟子引堯典舜命棄（后稷）契治民之事，重養育及五倫之教，以德爲治。又述放勳之言。所謂匡直輔翼，皆導民使遷於善也。曰：「又從而振德之」。則本於易，按蠱象傳：「山下有風，蠱，君子以振民育德」。蠱☶☴巽下艮上。艮爲山，巽爲風。君子法風動物之象，而施振民育德之政，振者，鼓舞其志氣，使之奮起也，育德，厲其行爲也。孟子又從而振德之句本此。斯德治之政也。

孟子盡心：「孟子曰：仁言不如仁聲之入人深也。善政不如善教之得民也。善政民畏之，善教民愛之。善政得民財，善教得民心」。

梁惠王上：「齊宣王問曰：齊桓晉文之事，可得聞乎？孟子對曰：仲尼之徒，無道桓文之事者，是以後世無傳焉。臣未之聞也。無以，則王乎。曰：德何如，則可以王矣？曰：保民而王，莫之能禦也。曰：若寡人者，可以保民乎哉？曰：可……」。

按臨象傳：「澤上有地臨，君子以教思无窮，容保民無疆」。臨☷☱兌下坤上，兌澤坤地，地在澤上故曰臨，澤水潤地上之物，君子觀此象，而施教保民，欲其惠澤無疆。孟子善教，保民二段之意本之，孟子曰：「善教民愛之」。又曰：「善教得民心」。正易傳：「教思无窮」之的詁。孟子曰：「保民而王」。卽易傳：「容保民无疆之意」。

2、德化

論語季氏：「季氏將伐顓臾，冉有季路見於孔子曰，季氏將有事於顓臾。孔子曰：求，無乃爾是過與？夫顓臾，昔者先王以爲東蒙主，且在邦域之中矣。是社稷之臣也，何以伐爲……夫如是，故遠人不服，則修文德以來之。既來之，則安之……」。

按修文德以懷遠人，此德化也。修者，美飾之辭。文德，如書大禹謨：「舞干羽于兩階，七旬，有苗格」之類。小畜大象曰：「風行天上小畜，君子以懿文德」。兩處一義。

3、修省

禮記中庸：「子路問強。子曰：南方之強與，北方之強與，抑而強與？寬柔以教，不報無道。南方之強也，君子居之。衽金革，死而不厭。北方之強也，而強者居之。故君子和而不流，強哉矯……」。

按睽象得：「上火下澤睽，君子以同而異」。睽者乖違之義，君子和而不流，和者，與人無迕，不流，不同流合汚。是君子修己，同之中，固有異於流俗也。

論語顏淵：「顏淵問仁。子曰：克己復禮爲仁。一日克己復禮，天下歸仁焉。爲仁由己，而由人乎哉？顏淵曰：請問其目。子曰：非禮勿視，非禮勿聽，非禮勿言，非禮勿動。顏淵曰：回雖不敏，請事斯語矣」。

按大壯象傳：「雷在天上大壯，君子以非禮弗履」。雷在天上，震驚百里。君子當有令聞廣譽以及衆庶，故非禮弗履，履者踐行。非禮之目，孔子言之詳矣，視聽言動等是也。

4、持己

禮記中庸：「子曰：素隱行怪，後世有述焉，吾弗爲之矣。君子遵道而行，半塗而廢，吾弗能已矣。君子依乎中庸，遯世不見知而不悔，唯聖者能之」。

按大過象傳：「澤滅木，大過，君子以獨立不懼，遯世无悶」。文言傳：「初九曰，潛龍勿用何謂也？子曰：龍德而隱者也。不易乎世，不成乎名。遯世无悶，不見是而無悶。樂則行之，憂則違之。確乎其不可拔，潛龍也」。按中庸曰：「遯世不見知而不悔」。即易傳：「遯世无悶」之義。天下有道則見，無道則隱。既已隱矣，潛龍勿用，不見是，知固宜，何悔之有。

孟子盡心：「孟子曰：堯舜性者也，湯武反之也。動容周旋中禮者，盛德之至也。哭死而哀，非爲生者也。經德不回，非以干祿也。言語必信，非以正行也。君子行法以俟命而已矣」。

按坎象傳：「水洊至，習坎，君子以常德行，習教事」。坎爲水，水流而不息。故孔子曰：「逝者如斯夫，不舍晝夜（子罕）」。君子法之，故其德行有常。孟子曰：「經德不回」。朱註：「經常也回曲也」。謂其德有常，毫不邪曲，與易傳一義。

禮記大學：「大學之道，在明明德。在親民。在止於至善」。

按晉象傳：「明出地上晉，君子以自昭明德」。晉䷢坤下離上，離日坤地，明出地上，光被四海，明德之象，故君子以自昭明德，大學言明明德，昭明一也。

論語里仁：「子曰：見賢思齊焉，見不賢而內自省也」。

學而：「子曰：君子不重，則不威，學則不固，主忠信，毋友不如己者，過則勿憚改」。

按益象傳：「風雷益，君子以見善則遷，有過則改」。風雷之勢，相得益彰，取相資益，君子遷善改過，取善以益己，改過以從人。論語見賢思齊，即見善則遷之意。有過則改，慮不下帶，即勿憚改之義。

參考書目

鬼谷子　荀子　左傳　孟子　國語　論語　莊子　韓非子　老子　列子　大戴記　呂氏春秋　管子　禮記　中庸　戰國策　鶡冠子　墨子　吳子應變　孫子埶篇　御覽　禮記檀弓　詩經小雅　孝經三才章

第四章　先秦諸子中所見之占筮法

占筮爲易道之一。人之有爲有行，莫不從而問焉，以定取舍。上繫第十：「易有聖人之道四焉。以言者尚其辭；以動者尚其變；以制器者尚其象；以卜筮者尚其占。是以君子將有爲也，將有行也。問焉而以言，其受命也如嚮（今作響）」。周禮春官：「筮人掌三易，以辨九筮之名」。又曰：「凡國之大事，先筮而後卜」。則占筮，向爲職官所掌。且其應用珍重而極爲廣泛。惜其法後世無傳。今左國二書，猶閒著當時用易爲占之事。雖其法不盡可曉，而於前人用易爲占，及其如何訓釋經傳，勤求細玩。可見前人易說以及說易之方。不惟故訓足式，先民於易義之識取及重視，又可得而推知。大氐筮時，先發命筮之語，而後出所筮得之卦，繼之以筮詞。筮詞之中，即附斷語，以定所問之吉凶。復即筮詞而爲之說解，以明立筮之意。至其說解，每據卦爻之辭。多以兩卦變爻之辭爲主，以周易占變也。大半以象爲說，或引申易象之義。要在使筮詞之所擧列，與問者所命告之事相應合而已。然人事紛繁，變化萬端。欲求一字一句，皆能切中，固不可得。以此不免有委曲設象立說之弊。今即二書所存，略加陳述，以見在昔筮法之一端。其於所不知，寧從蓋闕。

一、春秋左氏傳

1. 筮陳敬仲未來之事功

莊公二十二年傳：陳厲公……生敬仲。其少也，周史有以周易見陳侯者

陳敬仲，即陳公子完也。是年陳宣公殺太子御寇，敬仲慮禍及奔齊，爲齊卿，子孫遂爲田氏。後竟代

齊有國，因追述少時周史占筮之詞以爲驗。周史，周太史，善易筮者。

陳侯使筮之。

按於此，當有命筮之詞。今簡稱之爲「命語」。命語，古卽有之。上繫第十：「問焉而以言，其受命也如嚮」。首句言求筮者，以其所欲問之事告之。「受命」者，鬼神受求者之命語也。曰如嚮者，言筮之承告吉凶，如響之應聲，其速如此。周禮春官占人：「凡卜筮，既事，則繫幣，以比其命」。注：「既卜筮，史必書其命龜之事」。疏：「卜筮皆有禮神之幣，及命龜筮之辭」。又儀禮士冠禮：「宰自右贊命」。注：「贊，佐也。命，告也。佐主人告所以筮也」。皆言命語，爲占筮所必具。命語最明白者爲昭七年，衞人筮立君曰：「元尚享衞國」？說詳後。本段命語，蓋筮敬仲未來之事業也（此時方少）。傳略。

遇觀☴☷（坤下巽上）之否☰☷（坤下乾上）。

此占得之卦也。按筮法，分兩部。一用卦；二占筮歷程。又分三項：①命語（告以所求問之事），②筮詞（主斷此事之吉凶得失），③說解（卽筮詞而詳釋其義，以告求筮者）。本段用遇之兩卦占。遇觀之否。卽遇卦爲觀，之卦爲否。筮法：每以遇卦爲我，之卦爲彼。以占人我之情事。觀卦六四爻動，變而爲否。陰爻動，變而爲陽；陽爻動，變而爲陰。此陰陽互變之意也。實則某卦之一爻變，而爲別一卦耳。後人言卦變者，肇基於此。占筮每用遇之兩卦者，以其藉卦爻之變動，而六爻異位殊時，卽其相變之爻象，以說此事衍進之情況也。

曰：是謂觀國之光，利用賓于王（此周易觀卦六四爻辭）。此其代陳有國乎。不在此，其在異國。非此其身，在其子孫。光遠而自他有耀者也。

此筮詞也。筮詞主斷此事之吉凶得失，以答求筮之人。首引觀六四爻辭以斷事，則爻辭卽筮詞也。觀六四爻動，卽據本爻之辭以爲斷。筮法用變爻之辭以爲筮詞，其例較多者，爻效天下之動，動則變。繫上第三「爻也者，言乎其變者也」。變則通。繫上第十二：「變而通之以盡利」也。

右並斷言敬仲他日當作賓於王家。子孫將於異邦代陳而有國。光遠而輝映於異域，以見爲國光之意。筮詞中有斷語也。

坤，土也、巽，風也，乾，天也。風爲天於土上，山也。有山之材，而照之以天光，於是乎居土上，故曰觀國之光，利用賓于王。庭實旅百，奉之以玉帛，天地之美具焉，故曰利用賓于王。猶有觀焉，故曰其在後乎。風行而著于土，故曰其在異國乎。若在異國，必姜姓也。姜，太嶽之後也。山嶽則配天，物莫能兩大，陳衰，此其昌乎。

此說解也。坤土也三句，巽風乾天見說卦。坤土，卽「坤爲地」而引申之，地从土，故曰土也。此卽二體之象爲釋。風爲天於山上句，則就兩卦變爻所在之體（卽觀否之上體）爲說也。有山之材……居土上三句，卽之卦（否）二體之象爲說。庭實旅百……故曰利用賓於王四句，杜注：「艮爲門庭，乾爲金玉，坤爲布帛。諸侯朝王，陳贄幣之象」。乾坤，則否卦之二體，艮爲互體，其象均見說卦。風行而著於土句，仍卽相變之二體（巽乾）言之。要之。說解一段中，惟卽兩卦（遇之）二體之象爲說，而以變爻所在之體（巽乾）爲主。又風行而著于土，故曰其在異國乎。此二句，顯以之卦爲人（爲彼），而以遇卦爲我。則遇之兩卦之大用在此。

2.畢萬筮仕於晉

閔元年傳：初，畢萬筮仕於晉

右命語。卽筮仕於晉。問仕於晉當如何也。

畢萬，畢公高之後，仕晉爲大夫，以滅魏之功受其地。其後分晉有國。此未仕而筮之也。

遇屯䷂（震下坎上）之比䷇（坤下坎上）。

此筮得之卦也。用遇之兩卦占

辛廖占之曰吉。屯固比入。吉孰大焉？其必蕃昌。

此筮詞也。斷其大吉，而必蕃昌，爲得國之象。辛廖，晉大夫。

震爲土，車從馬。足居之，兄長之，母覆之，衆歸之，六體不易。合而能固，安而能殺，公侯之卦也。公侯之子孫，必復其始。

此說解也。震初九爻變而爲坤，故曰震爲土。此卽兩卦相變之二體，以其象爲釋。車從馬下四句皆然，惟震車坤馬之象無聞。本段說解至簡明。而曰此公侯之卦也。亦復有據。按屯卦辭曰：「利建侯」。比象傳曰：「先王以建萬國，親諸侯」是也。足見傳之說易，以經傳爲主，未違十翼之旨也。

3.晉獻公筮嫁伯姬於秦

僖十五年傳：初，晉獻公筮嫁伯姬於秦

命語，筮嫁女也。問嫁女於秦吉否。此追記往事。

遇歸妹䷵（兌下震上）之睽䷥（兌下離上）。

此占得之卦也。用兩卦占。歸妹上六變而爲睽。

史蘇占之曰不吉。其繇曰：士刲羊，亦無衁也。女承筐，亦無貺也。西鄰責言，不可償也。歸妹之睽，猶無相也。震之離，亦離之震。爲雷爲火，爲嬴敗姬。車說其輹，火焚其旗，不利行師，敗于宗丘。歸妹睽孤，寇張之弧。姪其從姑，六年其逋。逃歸其國，而弃其家（音孤）。明年，其死於高粱之虛（墟同）。

此筮詞也。繇曰四句，用歸妹上六爻辭之意（即用變爻爻辭之意）以爲筮辭。歸妹之睽二句，以遇之兩卦卦名爲斷。震之離四句，即兩卦相變二體之象爲斷。車說其輹四句，仍本兩卦上體之象爲言。歸妹睽孤六句，即之卦變爻之爻辭爲言。綜上，右段惟即兩卦動變二爻之爻辭爲斷，以及二卦相變二體之象爲說也。後數句用韻。

4.晉侯筮勤王

僖二十五年傳：秦伯師于河上，將納王。狐偃言於晉侯曰：求諸侯莫如勤王……公曰：筮之，筮之

命語，筮勤王也。時襄王以王子帶之亂出居于鄭，故狐偃勸晉侯納王。

遇大有䷍（乾下離上）之睽䷥（兌下離上）。

此占得之卦也。用兩卦占。大有九三變而爲睽。

曰吉、遇公用享于天子之卦。戰克而王饗，吉孰大焉。

此筮詞也。按大有九三：「公用享于天子，小人弗克」。此用遇卦動爻之爻辭也。戰克而王饗二句斷語，以此爲大吉也。

且是卦也，天爲澤以當日，天子降心以逆公，不亦可乎？大有去睽而復，亦其所也。

此說解也。天爲澤以當日，正卽兩卦相變二體（乾兌）以及之卦上體（離）之象以爲說也。天子降心以逆公二句，仍承上乾兌二體之象言，天爲澤，天高澤下，是天子降心也。天爲澤以當日，是天子降心以逆公也。去睽而復，舍睽而還卽大有言，乾在離下，亦降心之象。要之，始終未離兩卦之象而爲說也。

5. 穆姜筮出行

襄九年傳：穆姜薨於東宮。始往而筮之，遇艮之八䷳（艮下艮上）

命語，筮出行也。問此行之吉凶。

穆姜，成公母。以通於叔孫僑如，欲廢成公而立公子偃，事敗，徙居東宮。此穆姜已死而追述始往之筮以爲戒。

史曰，是謂艮之隨䷐（震下兌上）

此占得之卦也。用兩卦占。按習慣，遇之兩卦，多以一爻變而爲之卦。今艮之爲隨。當五爻俱變，而第二爻獨不變，始得爲隨。與常例異。史仍以周易占。

隨其出也，君必速出。

此亦筮詞也。史據卦名而口占之。隨，從而往也。彖傳：「動而說隨，大亨貞无咎，而天下隨時」。初九曰：「出門交有功」。九四曰：「隨有獲」。皆明「隨」之可往。故勸其速出，君、小君也。

姜曰亡。是於周易曰隨元亨利貞，无咎（此隨卦辭）。元體之長也。亨，嘉之會也。利，義之和也。貞，事之幹也。體仁足以長人，嘉德足以合禮，利物足以和義，貞固足以幹事。（按穆姜引元體之長也八句，與文言傳雷同，涉及二傳時間之先後，待考）然固不可誣也（以下姜氏釋之），是以雖隨无咎。今我婦人而與於亂，固在下位，而有不仁，不可謂元。不靖國家，不可謂亨。作而害身，不可謂利。弃位而姣，不可謂貞。有四德者，隨而无咎。我皆無之，豈隨也哉？我則取惡，能無咎乎？必死於此，弗得出矣。

此說解也。姜氏引隨卦辭。並釋元亨利貞之義，以折筮史謂隨而可出之說。但據卦辭立言，不假象爲釋，此十翼之類例。

6.齊崔武子筮取棠姜

襄二十五年傳：齊棠公之妻，東郭偃之姊也。棠公死，偃御崔武子以弔焉。見棠姜而美之，使偃取之，筮之

命語，筮取女也。問可取否。

遇困䷮（坎下兌上）之大過䷛（巽下兌上）

此占得之卦也。用兩卦占。困六三爻變。

陳文子曰：夫從風，風隕，妻不可娶也

此筮詞也。斷言此女不可娶。

且其繇曰，困于石，據于蒺蔾。入于宮，不見其妻，凶（困六三爻辭）。困于石，往不濟也。據于蒺蔾，所恃傷也。入于其宮，不見其妻凶，無所歸也。

此說解也。夫從風，風隕。仍即變爻所在二體（坎巽）之象以爲詞。坎爲中男，變而之巽。巽爲風，故曰夫從風。風能隕物，故曰妻不可娶也。說解又引變爻（困六三）之爻辭以釋之，正爲筮法之通例

。困于石，往不濟也七句。其說經文（六三爻辭），直據義理，如繫傳（繫下第五，子曰：非所困而困焉，名必辱；非所據而據焉，身必危。既辱且危，死期將至，妻其可得見邪？）之例，義本明白。則不必以象說之也。

7. 叔孫得臣筮穆子之生

昭五年傳：初，穆子之生也，莊叔以周易筮之

命語，筮生子。問此子將來如何？

穆子，叔孫穆子名豹者也。莊叔，穆子父得臣也。成十六年，穆子避僑如之亂奔齊，及庚宗，遇婦人，宿焉，襄二年召歸，立爲卿，庚宗婦攜其子獻雉，問所生曰，能奉雉矣，召見，號曰牛，使爲豎，有寵。長使爲政。乃以讒殺長子孟，又譖而逐仲。穆子疾，私絕其饋，餓死。至是昭子即位，殺牛。因追述穆子初生之筮以爲驗。

遇明夷䷣（離下坤上）之謙䷎（艮下坤上）。

此占得之卦也。用兩卦占。明夷初九變而爲謙。

以示卜楚丘曰：是將行（注，行，出奔），而歸爲子祀。以讒人入，其名曰牛。卒以餒死。

此筮詞也。斷言此子將出奔，還以讒人牛入，卒餓而死。

明夷，日也。日之數十（注，甲至癸），故有十時，亦當十位。自王以下，其二爲公，其三爲卿（注，日中當王，食時當公，平旦爲卿，鷄鳴爲士，夜半爲皁，人定爲輿，黃昏爲隸，日入爲僚，晡時爲僕，日昳爲臺，隅中日出，闕不在第，尊王公，曠其位），日上其中（日中盛明，故以當王），食日爲二（公位）

，旦日爲三（卿位）。明夷之謙，明而未融，其當旦乎（融，朗也。離在坤下，日在地中之象，又變爲謙，謙道卑退，故曰明而未融。日明未融，故曰其當旦乎）。故曰爲子祀。日之謙當鳥，故曰明夷于飛（離爲日，爲鳥，離變爲謙，日光不足，故當鳥，鳥飛行，故曰于飛）。明而未融，故曰垂其翼（於日爲未融，於鳥爲垂翼）。象日之動，故曰君子于行（明夷初九，得位有應，君子象之。在明傷之世，居謙下之位，故將避難而行）。當三在旦，故曰三日不食（旦位在三，又非食時，故曰三日不食）。離，火也。艮，山也。離爲火，火焚山，山敗（離艮合體故），於人爲言（艮爲言），敗言爲讒（爲離所焚，故言敗），故曰有攸往，主人有言，言必讒也（離變爲艮，故言有所往，往而見燒，故主人有言，言而見敗，故必讒言）。純離爲牛（易離上離下離。畜牝牛吉，故言純離爲牛）。世亂讒勝，勝將適離。故曰其名曰牛（離焚山則離勝，譬世亂則讒勝，山焚則離獨存，故知名牛也。豎牛非牝牛，故不吉）。謙不足，飛不翔。垂不峻，翼不廣，故曰其爲子後乎（不遠翔，故知不遠去）。吾子亞卿也，抑少不終。

此說解也。按本段全文，皆卽變爻（明夷初九）之爻辭爲說。皆以相變二體（離艮）之象爲主。分言之，自明夷日也至故曰爲子祀一小段。卽遇卦下體離之象日爲據，又以日自甲至癸之十數，譬況人位之十等，藉以斷所問者（所生子）之祿位。則是於象之中，又取數與位以爲象也。此象中求象，枝上添枝，漢儒象說之紛繁，已兆於此矣。又自日之謙當鳥至故曰三日不食一小段。仍據遇卦下體離之別一象，鳥爲言（離爲飛鳥，見九家易，說卦曰離爲雉），以說明夷于飛之句。君子于行，三日不食，仍卽離日之象爲說。自離火也至言必讒也一小段。用相變二體（離艮）之象火山，反復爲說，卽火變爲山；火亦可以焚山。舊名之曰環占法。蓋藉物相生克之理言之。用火焚山敗，以釋主人有言，並回釋筮詞中之譏字。自純離爲牛以下，仍用離象爲說，此其大略也。本章旨在硏求當時諸子如何說易，以及其易說之可取者。他未遑及。

8.孔成子筮立君

昭七年傳：衞襄公夫人姜氏無子，嬖女婤姶生孟縶。孔成子夢康叔謂己立元。史朝亦夢康叔謂己，夢協，婤姶生子（此時乃生子），名之曰元。孟縶之足不良，弱行（跛也）。孔成子以周易筮之曰元尙享衞國？

元尙享衞國，命語。問元可爲衞君否？此傳明著之命語也。

遇屯䷂（震下坎上）

此占得之卦也。用一卦占

又曰，余尙立縶？尙克嘉之！

余尙立縶，亦命語。問縶可立爲君否。二人皆婤姶所生，而縶長，不知誰當立，故再問。

遇屯䷂之比䷇（坤下坎上）

此占得之卦也。用兩卦占。屯初九爻變。

以示史朝，史朝曰：元亨。又何疑焉？成子曰：非長之謂乎？對曰：康叔名之，可謂長矣。孟非人也。將不列於宗，不可謂長。且其繇曰：利建侯（屯卦辭末句）。嗣吉何建？建非嗣也。二卦皆云（注，謂再得屯卦，皆有建侯之文），子其建之。康叔命之，二卦告之。筮襲於夢，武王所用也。弗從何爲？弱足者居。侯主社稷，臨祭祀，奉民人，事鬼神，從會朝，又焉得居？各以所利，不亦可乎。

此直以屯卦辭爲筮詞，以斷元之當立。卦辭中有利建侯之文，其名亦相合。故但說其事而已。直以卦辭爲斷，以義理論筮事也。

9.南蒯筮舉事

昭十二年傳：南蒯之將叛也，枚筮之

命語，筮舉事。問此事可行否（暗以意問，未明指）南蒯，季氏費邑宰也。蒯與公子憖，叔仲小謀叛費，以逐季氏。

遇坤䷁（坤下坤上）之比䷇（坤下坎上）

此占得之卦也。用兩卦占。坤六五爻變

曰黃裳元吉（坤六五爻辭）

此筮詞也。直以變爻之辭爲筮詞。

以爲大吉也。示子服惠伯曰：即欲有事，何如？惠伯曰：吾嘗學此矣。忠信之事則可。不然必敗。外彊內溫，忠也。和以率貞，信也。故曰黃裳元吉。黃、中之色也。裳、下之飾也。元，善之長也。中不忠，不得其色。下不共，不得其飾。事不善，不得其極。外內倡和爲忠。率事以信爲共。供養三德爲善，非此三者弗當。且夫易，不可以占險，將何事也，且可飾乎。中美能黃，上美爲元。下美則裳，參成可筮。猶有闕也。筮雖吉，未也。

此說解也。惠伯僅就坤六五爻辭「黃裳元吉」申釋其義以爲斷。其黃裳之訓，後人易注，多採用之（說見第二章）。此諸子易說，保存故訓處，彌足珍重。至外強內溫忠也二句，即之卦（比）之二象爲說。自故曰黃裳元吉，至非此三者弗當，專以坤卦爲斷。又以忠信善三德以當元吉。足見易無達占，因人而異。易不可以占險句，則又就之卦論，比上坎爲險。皆隱喻謀叛非忠信之事，決不可爲。蓋惠伯已知南蒯之情，故託易理以諷。然要以義理說經文，則十翼之宗法也。

10.陽虎筮救鄭

哀九年傳：宋皇瑗圍鄭師，晉趙鞅卜救鄭，陽虎以周易筮之

命語，筮救鄭

遇泰☷☰（乾下坤上）之需☵☰（乾下坎上）。

此占得之卦也。用兩卦占。泰六五爻變。

曰，宋方吉，不可與也。

此筮詞也。直據變爻之爻辭，斷宋方吉，不可與戰。按泰六五曰：「帝乙歸妹，以祉元吉」。宋爲帝乙之子微子所封之國。宋圍鄭而晉救之，必與宋人戰。今爻辭明云帝乙元吉，即指謂宋方吉，焉可與也。

微子啓，帝乙之元子也。宋鄭甥舅也。祉、祿也。若帝乙之元子，歸妹而有吉祿，我安得吉焉？乃止。

此說解也。直釋帝乙歸妹之文。宋鄭爲甥舅昏姻之國，歸妹而有福祐，吉自在彼，於我何與？仍以義理說經文也。

二、國語

晉語四：公子親筮之曰：尚有晉國？

命語，筮返主晉國。問能有晉國否？

得貞屯悔豫

此占得之卦也。貞屯悔豫，蓋猶遇屯之豫也。惟遇之兩卦，多以一爻變而爲占。此則用兩卦之一體上下相錯綜而已。

司空季子曰吉。是在周易，皆利建侯。

此筮詞也。以屯豫兩卦辭斷之曰吉。按屯䷂震下坎上，卦辭曰：「屯元亨利貞，勿用有攸往，利建侯」。豫䷏坤下震上，卦辭曰：「豫利建侯行師」。

不有晉國，以輔王室，安能建侯？……震車也，坎水也，坤土也，屯厚也，豫樂也。車班內外，順以訓之，源泉以資之，土厚而樂其實，不有晉國，何以當之？震，雷也，車也。坎，勞也，水也，衆也。主雷與車，而尚水與衆。車有震，武也。衆而順，文也。文武具，厚之至也。故曰屯。其繇曰：「元亨利貞，勿用有攸往，利建侯」。主震雷，長也，故曰元。衆而順，嘉也，故曰亨。內有震雷，故曰利貞。車上水下，必伯。小事不濟，壅也，故曰：勿用有攸往。衆順而有武威，故曰：利建侯。坤，母也。震，長男也。母老子彊，故曰豫。其繇曰：「利建侯行師」。居樂出威之謂也。是二者，得國之卦也。

此說解也。皆即兩卦辭爲說，是以卦辭爲筮詞也。分言之。震車也，坎水也，坤土也。以兩卦各體之象言。屯厚也，豫樂也。以兩卦卦名卦德言。車班內外，則以兩卦同一之體「震」之上下錯綜爲說。泉源以資之句。屯上體坎，水處高爲泉源。土厚而樂其實句。豫下領坤爲土，土在下能生百物，故厚而樂其實。震雷也車也。坎勞也水也衆也。單即屯卦二體之象言。車明震武，衆而順文。就二卦之下體爲說。主震雷長故曰元。單言屯下體之象。衆而順嘉故亨。僅以豫之下體爲釋。內有震雷，仍屯下體之象。車上水下，卽二卦之上體言。坤母震長男，又就兩卦下體之象爲說。居樂出威。又本豫之上下體言之。要其說經文（卦辭），不外用兩卦二體之象，以及兩卦之德，名。其與左氏筮法有異者，左傳多用卦之一爻變，此則用一體之上下錯綜，左傳說解多卽變爻所在之二體爲釋。此則用兩卦各體之象言之。僅車班內外句，用一體上下錯綜之關係以釋卦辭之義，爲罕見耳。

參考書目

春秋左氏傳　國語　春秋占筮書　周禮　儀禮

第五章　餘論

一、作者

左昭二年傳：「二年春，晉侯使韓宣子來聘，且告爲政而來見，禮也。觀書于太史氏，見易象與魯春秋，曰：周禮盡在魯矣。吾乃今知周公之德，與周之所以王也……」。

按由本段可推知：

1、易象或易書與周禮有關。易言禮制。如萃渙二卦之言假廟。萃彖傳：「王假有廟」。渙彖傳：「王假有廟」。與金文之言各廟，各大室同制。西周時器吳彝曰：「丁亥，王在周成大室，旦，王各廟」。免段曰：「隹十有二月初吉，王在周，昧爽，王各于大廟」。師虎段曰：「甲戌，王在杜宜，各于大室」。趞曹鼎：「隹七年十月，既生霸，王在周般宮，旦，王各大室」。以上皆夷王以前器。按大室與廟蓋在一處。書洛誥：「王賓，殺禋，咸格，王入太室祼」。傳：「王賓，異周公。殺牲，精意以享文武，皆至其廟親告也。大室，清廟。祼鬯告神」。疏：「大室，室之大者，故爲清廟。廟有五室，中央曰大室」。由此可知大室與廟爲同一建制。易言假廟者（假各同音借字，今作格，經傳亦訓來，至），與金文之言各廟，各大室同。屈翼鵬先生考周易成書在周武王時。此亦可爲佐證。又萃升既濟之言禴祭（萃六二，升九三，既濟九五皆言孚乃利用禴，禴祭），周禮春官大宗伯：「以禴夏享先王」。豫象傳：「先王以作樂崇德，殷薦之上帝，以配祖考」。震象傳有長子主祭之意，益六三曰：「告公用圭」，皆直與禮制有關。易禮之精意亦同。易卽天道以明人事，天常人紀，本自相因。人紀莫大於禮，禮者，天地之法象，人事之秩序也。故樂記曰：「天高地下，萬物散殊，而禮制行矣」。是易禮制作，應用之源委悉同也。

2、傳又曰：「吾乃今知周公之德與周之所以王」。按春秋上明三王之道，下辨人事之紀，立百世之典憲，煥乎其有文章。則周之所以王者，固卽春秋可見，以言周公之德，除二書中有稱述周公之文字，直接可見周公之德外，他無由知。今易象中未見稱述周公之明文。則所謂周公之德者，當由其遺著中，方可推測。否則何由以知周公之德？是易或當有周公之述作在內。

3、易掌於史氏。由傳文，觀書於太史氏，乃見易象。莊二十二年傳：「周史有以周易見陳侯者」。皆其例。

二、作易之義

禮記祭義：「昔者聖人建陰陽天地之情，立以為易。易抱龜南面，天子卷（古本切）冕北面。雖有明知之心，必進斷其志焉。示不敢專，以尊天也（鄭注：立以為易，謂作易。易抱龜，易，官名。周禮曰太卜。太卜主三兆三易三夢之占）……」。

按右段明先代作易之意及其用途。作易以明天道，卽指陳天地陰陽之情狀也。記曰：「建陰陽天地之情，立以為易」。建陰陽者，易以道陰陽是已（詳第三章）。曰天地之情者，易明天道，指陳天地之情，立以為易」。建陰陽者，易以道陰陽是已情狀也。上繫第四曰：「易與天地準，故能彌綸天地之道。仰以觀於天文，俯以察於地理，是故知幽明之故……精氣爲物，游魂爲變，是故知鬼神之情狀。與天地相似，故不違……」。易道取準天地，故藉易可知幽明之故，鬼神之情狀也。天地之情可見乎？咸恆彖傳皆曰見天地萬物之情。咸彖傳曰：「天地感而萬物化生，聖人感人心而天下和平。觀其所感，而天地萬物之情可見矣」。恆彖傳曰：「日月得天而能久照，四時變化而能久成。聖人久於其道而天下化成。觀其所恆而天地萬物之情可見矣」。於咸見天地交感之情，於恆見天道恆久而不已之情，皆天地之情也，是卽天道也。記又曰：「雖有明知之心，必進斷其志焉」。蓋由易卜以斷其志，決定其所欲爲之事，此又明示易之用途也。

易之用在占筮

荀子大略篇：「善爲詩者不說，善爲易者不占，善爲禮者不相，其心同也」。

按繫上第十曰：「易有聖人之道四焉。以言者尙其辭，以動者尙其變，以制器者尙其象，以卜筮者尙其占。是以君子將有爲也，將有行也，問焉而以言……」。說文三篇下：「占、視兆問也。以卜口」。繫傳以占爲卜筮之事，君子將有言行，必質諸卜筮，本就易書言之。以易爲占筮之書也（易有聖人之道四焉，此易字，指易書）。荀子此句：「善爲易者不占」。似與繫傳尙占之言相違。然「善爲易者不占」，則不善爲易者常占之矣。足見易書多用於占筮。荀子特提高易之價値，在於敎戒修省，不如常人之用易（尙占）而已。

三、坤乾之名

禮記禮運：「孔子曰：我欲觀夏道，是故之杞而不足徵也。吾得夏時焉。我欲觀殷道，是故之宋而不足徵也。吾得坤乾焉。坤乾之義，夏時之等，吾以是觀之」。

由右段知坤乾之名始見於殷代，太氐爲殷易。吾得坤乾焉句下，鄭注：「得殷陰陽之書也。其書存者有歸藏」。據注，則坤乾，爲殷陰陽之書。當爲殷易。康成猶及見歸藏，惜後失其傳耳。今周易則言乾坤，並以乾坤爲易卦奇偶之爻畫。亦別稱陰陽。繫下第六：「子曰：乾坤其易之門邪！乾、陽物也。坤、陰物也。陰陽合德而剛柔有體……」。足見坤乾，乾坤，名次不同，其書當亦有異。

四、易之篇次、以乾坤爲首

大戴記保傅篇：「春秋之元，詩之關雎，易之乾巛，皆愼始敬終云爾」。

按春秋自隱元年起，詩以關雎第一，春秋、詩、易、連類相及。綜之曰：「愼始敬終」。則易之篇次，自以乾坤爲首也。

五、彖傳在戰國時已行於世

荀子大略篇：「易之咸，見夫婦。夫婦之道，不可不正也，君臣父子之本也。咸、感也。以高下下，以男下女，柔上而剛下。聘士之義，親迎之道，重始也」。

按此節用咸彖傳之文也。咸彖傳曰：「咸、感也。柔上而剛下，二氣感應以相與。止而說，男下女，是以亨利貞，取女吉也……」。足見彖傳在戰國時，已通行於世無疑。

六、河圖

論語子罕：「子曰：鳳鳥不至，河不出圖，吾已矣夫」。

河不出圖句，疏：「鄭玄以爲河圖洛書，龜龍銜負而出。如中候所說，龍馬銜甲，赤文綠色，甲似龜背，袤廣九尺，上有列宿斗正之度，帝王錄紀之數是也。孔安國以爲卽八卦是也」。易上繫第十一：「是故天生神物，聖人則之……河出圖，洛出書，聖人則之……」。

按論語有河不出圖之句。易傳亦言聖人取則河圖。則河圖信其有事。然河圖究爲何物？圖也？八卦也？漢人已不能辨定。後世徒事揣測，復以黑白之圈點，指爲河圖之形與數。固好事者爲之。今存其名可耳。何紛紛爲。

七、筮與史

左僖二十八年傳：「晉侯有疾，曹伯之豎侯獳貨筮史，曰：以曹爲解（注：史、晉史。以滅曹爲解）……」。

按本年上文，晉侯圍曹，三月丙午入曹，七月丙申，晉師還，晉侯有疾。於是，曹伯之豎賄晉之筮史，請以滅曹之事爲解。蓋欲筮史代爲之辭以諭晉侯，使寬曹君而復其國也。然則史之掌筮明矣。

左襄九年傳：「穆姜薨於東宮，始往而筮之，遇艮之八，史曰：是謂艮之隨。隨其出也，君必速出……」。此史官爲穆姜釋筮詞也。以其掌筮，知筮，故能說筮詞也。

左莊二十二年傳：「陳厲公生敬仲，其少也，周史有以周易見陳侯者，陳侯使筮之……」。

右亦史官掌筮，知筮之例。

八、筮有行者、處者

墨子公孟第四十八：「今求善者寡，不強說人，人莫之知也。且有二生於此，善筮。一行爲人筮者，一處而不出者。行爲人筮者，與處而不出者，其精（糧）孰多？公孟子曰：行爲人筮者，其精多……」。

筮有行者、處者，筮已爲時人之職業。藉知當時占筮之盛行，已深徧民間，而易亦以此流傳而廣也。

九、易傳佚文

戰國策齊四：「齊宣見顏斶曰：斶前。斶亦曰：王前。王忿然作色曰：王者貴乎、士貴乎？對曰：士貴耳，王者不貴……斶聞古大禹之時，諸侯萬國，何則？德厚之道得，貴士之力也……當今之世，南面稱寡者，乃二十四。由此觀之，非得失之策……欲爲監門閭里，尙安可得而有乎哉？是故易傳不云乎：『居上位未得其實，以喜其爲名者，必以驕奢爲行。據慢驕奢，則凶從之』。……」。

按顏斶所引，指稱易傳，而今易未收

大戴記禮察篇：「易曰：『君子愼始，差若毫釐，繆之千里』，取舍之謂也」。

保傅篇曰：「易曰：『正其本，萬物理，失之毫釐，差之千里』。故君子愼始也」。

禮記經解：「易曰：『君子愼始。差若豪氂，繆以千里』。此之謂也」。

按二戴所引易曰云云，其文略同，今易皆未收。大戴記解詁：「易曰者，易緯通卦驗之言也」。易緯晚出，當在東西漢之際，太史公自序曰：「故易曰：『失之毫釐，差以千里』」。此緯書襲前人語，亦非史公用緯說也。此與國策所引，並爲佚文，錄以備考云爾。

參考書目

春秋左氏傳　周金文存　尚書　周禮　禮記樂記、祭義　荀子太略篇　大戴記保傅篇　論語子罕　墨子公孟　戰國策齊策　大戴記禮察篇　禮記經解　史記太史公自序